われらの牧野富太郎！

いとうせいこう 監修

毎日新聞出版 編

Our Hero! Dr. Makino Tomitaro

毎日新聞出版

雑草という名の
草は無い。

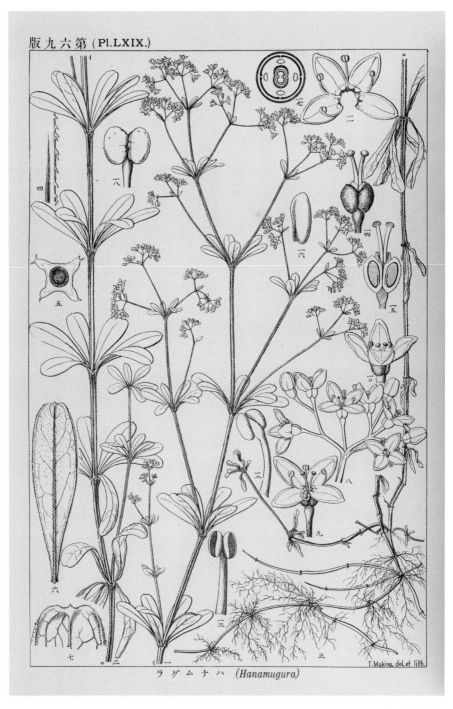

ハナムグラ (Hanamugura)

T. Makino, del. et lith.

ハナムグラ　牧野富太郎

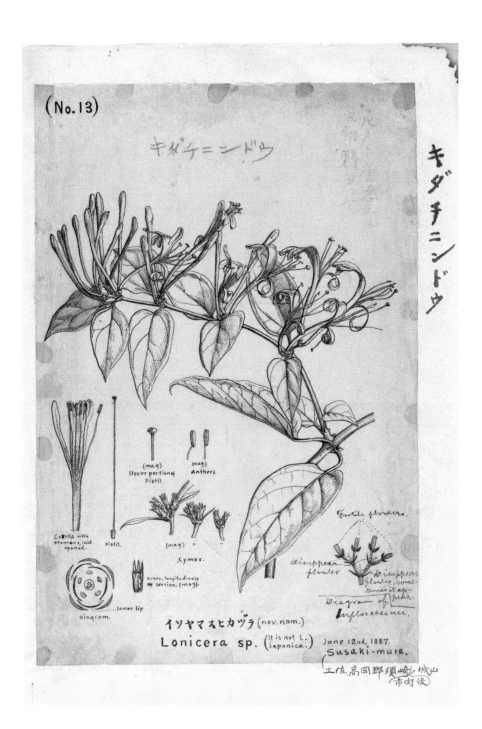

キダチニンドウ　牧野富太郎

草木に愛を持つ
ことによって
人間愛を
養うことができる。

私は植物の愛人として
この世に生まれ来たように感じます。
あるいは草木の精かも知れん
と自分で自分を疑います。

Pl. II.

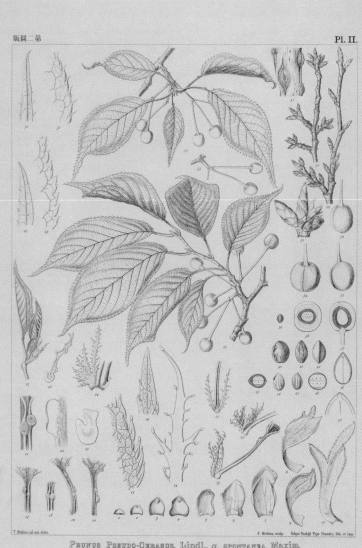

PRUNUS PSEUDO-CERASUS, Lindl., α. SPONTANEA, Maxim.

(*Yama-zakura*) らくざまや

　　　　　　　　　　　　　　　　　　　　　　ヤマザクラ　牧野富太郎

Viola violacea, Makino.
しはいすみれ

T. Makino del.

シハイスミレ　牧野富太郎

植物を愛すれば、
世界中から争いが
なくなるでしょう。

目次 Contents

012　牧野富太郎博士、われらのヒーロー！
Our Hero Dr. MAKINO! Sprouting Up !

1　016　牧野博士ヒストリー
'The Father of Japanese Botany' Makino's Life Tale

2　032　プランツ・パーティ!!!
Plants Party !!!　Festival of the Future

3　048　われらの牧野富太郎！
Makino Tomitaro, Our Hero !

4　094　長田育恵 × いとうせいこう
牧野博士の「らんまん人生」を語り尽くそう
Life is a Flower Ikue Osada × Seiko Ito

5 112 われらの牧野植物園ガイド
A Worker's Guide to
The Kochi Prefectural Makino Botanical Garden

6 130 牧野富太郎とめぐる
植物の旅 in 高知
A Walkers Travelogue to Kochi
in the Footsteps of Makino Tomitaro

7 144 牧野博士のたのしい蔵書
Makino's Library a Homage to Plants
and a Diversity in Reading

8 160 牧野富太郎、驚異のセンス
Dr. Makino's Aesthetic Art · Design · Words!

付録 植物採集行進曲

牧野
富太郎博士、
われらの
ヒーロー！

写真提供：高知県立牧野植物園

『牧野愛について』

　牧野富太郎博士についてはこれまでずいぶん色んな文章を捧げてきた。

　それが今回、「1冊丸ごと牧野」といううれしい機会に全体の監修を命じられ、なおかつこのようなエッセイのページをいただいた。

　そこで今まで書いた記憶のない事柄を、ここにこそ記しておきたい。

　実は今から17年前、自分は「PLANTED」という雑誌を作り始めたのであった。先に言ってしまうと、この『われらの牧野富太郎！』の編集、ライター、デザイン、発行などなどの中心人物はみな、この雑誌で活躍していた人々である。つまり「1冊丸ごと牧野」と聞いて往年の仲間が再結集したわけだ。

　中でも特に重要なのはアメリカ出身のルーカスB.B.で、彼のクリエイティブ感覚で我々はつながっていると言っていい。

　そしてもともと、私と牧野富太郎を結びつけたのもまたルーカスB.B.であった。

　「PLANTED」を出すまで、私は牧野を"あの『牧野日本植物図鑑』の人"くらいにしか考えていなかった。その私にルーカスは「マキノ、面白い人だね。特集しようよ」と言ってきたのである。どこから情報を仕入れたものかわからないが、ルーカスは「牧野の人物像」に魅かれ、同時にその植物愛に敬意を抱いた様子であった。

私を牧野植物園に連れていったのもルーカスだし、展示してある博士の精密な人形（部屋で背を丸めながら標本を作っている）を見て「あの机に『PLANTED』を置いて撮影したい」と言い出した豪胆な者もルーカスだ。

　あり得ない提案に植物園の名物広報・小松加枝さんも「ちょっと時間をください」と言った。なんと1時間後だったか、OKが出た。そして素晴らしい写真が撮れたあと、打ち上げの席だったかで小松さんは泣いた。

「今日の撮影中、牧野先生が笑っているように見えました。先生はああいう面白いことが大好きなのに、私たちは尊敬のあまり遠ざけていた。寂しくさせて申し訳ないです」と言いながら。

　その牧野愛に私はノックアウトされた。

　この雑誌も全ページ、同じ牧野愛で作られているはずだ。どうぞ1ページずつ、満喫してください。

いとうせいこう

'The Father of Japanese Botany'
Makino's Life Tale

1

牧野博士
ヒストリー

「日本植物分類学の父」と呼ばれた
牧野富太郎博士の人生は、
型破りでスリリングで、愛に満ちていた

草木に魅了された少年時代
小学校を中退して独学の道へ

　牧野富太郎は1862（文久2）年4月に土佐の静かな山間の村である佐川で生まれた。このひと月前に坂本龍馬が土佐藩を脱藩するという、江戸から明治維新へと大きく時代の流れが変わるそんな頃だった。幼名は成太郎。生家は酒造りも営む大きな商家で「岸屋」と呼ばれていた。

　3歳の時に父親、5歳の時に母親を続けて失い、6歳で祖父まで失った。成太郎は祖父の後妻である血のつながらない祖母の浪子に育てられることになる。富太郎と名付けたのも祖母だ。岸屋の跡取りは、体が弱く、痩せていて、とても大切に育てられた。そして、何故か植物がとても好きな子どもだった。

　土佐は昔から学問が盛んだったこともあり、富太郎は近所の寺子屋に次いで伊藤蘭林の私塾で習字、算術、五経などを学び、郷校の「名教館」で和漢の学問、さらに英語や地理・物理など西洋の先進的な学問を身に付けた。小学校制度ができると12歳で入学するが、2年で自主退学する。すでに多くのことを学んでいた富太郎に小学校の授業は退屈だったのだ。

　その後、わずか15歳ながらその博識を見込まれ、やめた小学校の代理教員として教壇に立つことになった。そして、代理教員を2年で辞め、今度は高知市に出て五松学舎という主に漢学を教える塾に入るが、やはりここでも学ぶことはそう多くはなかった。

　だが、その高知市で師範学校の教員・永沼小一郎に出会う。永沼は高名な植物学者バルフォアの『クラス・ブック・オヴ・ボタニイ』なども訳す、

土佐国高岡郡佐川村の裕福な商家に生まれ、造り酒屋の跡継ぎとして育てられた。20歳の頃の富太郎青年。

植物学に造詣の深い人物だったそうだ。富太郎は西洋の植物学に触れ、さらに植物について大いに語り合える人物と出会い、植物の知識を深めていく。加えて、佐川の医師である西村尚貞の家で小野蘭山の『本草綱目啓蒙』と出会う。初めは借りて写本していたが、『重訂本草綱目啓蒙』一揃えを取り寄せて、植物の名前を学んだ。

東京帝国大学（現・東京大学）で助手として働いていた頃（38歳）。

42歳の頃。

　1881（明治14）年、東京・上野で「第二回内国勧業博覧会」が開かれた。
19歳の富太郎は博覧会見物を名目に、初めて上京する。随行者二人を連
れた大旅行だった。

　道中では多くの植物を採集した。東京では顕微鏡を手に入れ、何軒も
の本屋を回って大量の本を買い込んだ。

　さらに、知り合いのつてを頼って訪れた農商務省博物局で、植物学者
田中芳男と小野職愨に出会う。二人は毎日のようにやってくる青年を温か
く迎えただけでなく、東京帝国大学理学部の植物教室を見せたり、小石
川の植物園も案内したという。

　そして富太郎が佐川に帰る時には、二人は植物の研究を続けるように
励ましたのだった。さらに、富太郎は伊藤圭介も訪ねている。伊藤は蘭学・
本草学を学び、長崎でシーボルトに師事をした、当時の日本における植物
学の第一人者だった。

　佐川に帰った富太郎は、本格的に高知の植物調査を開始し、伊藤圭
介に、植物に関する質問状を送ったりしている。それと同時に英学会を結
成して洋書の勉強をしたり、自由民権運動や西洋音楽会などさまざまなこ
とに取り組んだ。

　1884（明治17）年、22歳の富太郎は2度目の上京をする。東京帝大の
植物教室を訪れると、そこには、矢田部良吉、松村任三、大久保三郎が
いた。矢田部は富太郎を気に入り、大学が所有する標本や文献を自由に
使用する許しを出した。そこには佐川では見られない貴重な本がたくさん
あり、それらを使うことで持っていた標本の学名が次々に明らかになって
いった。

　富太郎は研究が進むにつれて、自分の研究を発表する場の必要性を
感じるようになる。日本にはまだ植物誌というものがなかった。東京帝大の
専科の学生だった市川延次郎と染谷徳五郎と三人で学術雑誌創刊を発
案して論文を書き、出版の準備をすることになった。

いつも味方になってくれた祖母を失い
最愛の伴侶を得る

1887（明治20）年、富太郎たちが用意した論文が基になった「植物学雑誌」が創刊。これは紆余曲折を経て、東京植物学会の機関誌として出版されることになった。巻頭には富太郎の論文が詳細な図解入りで掲載され、圧倒的な出来の良さで、他の執筆陣の論文を凌駕して高評価を受けたという。2度目の上京から3年、富太郎25歳の冬のことだった。

同年、いついかなる時も富太郎の力になってくれ、資金もふんだんに用意してくれた祖母の浪子が他界する。その翌年、富太郎は小澤壽衛と東京・根岸に所帯を持つ。しかし、富太郎には佐川で同居していたいとこがいた。名を猶という。師範学校で教育も受け、岸屋の仕事も手伝っていたしっかり者だった。一説には妻だったとも言われているが、実のところはよくわかっていない。

岸屋は、東京で所帯を持ってしまった跡取りに仕送りをし続けた。すぐに子どもが生まれ、富太郎の研究費用もかさみ、岸屋の財力には次第に翳りが見えてくるようになる。

壽衛は苦しい生活の中で、夫を支え、子育てをし、借金取りを軽くいなし、夫の友人たちをもてなし、後年は自ら稼ぐという大活躍を見せるのであるが、それはまたのちの話だ。

「植物学雑誌」の創刊以降、富太郎は次々と優れた論文を発表していく。しかし、学会機関誌である「植物学雑誌」には研究成果の一部しか掲載できなかった。しかも、当時の日本の植物研究者は、海外に植物を送り、学名を付けてもらっていた。矢田部教授をはじめとする日本の研究者はロシアの植物学者C.J.マキシモヴィッチ（1827-1891）に同定を依頼していた。富太郎もマキシモヴィッチと親交を深めていたが、日本の植物を日本人の手で研究した成果を外国に発表する必要性を感じていた。そこで私費を投じて、日本の植物を網羅する図入りの植物誌シリーズ「日本植物志図篇」の出版を始めた。翌年、富太郎は日本国内で初めて、新種として

大学を追い出されたうえ
ロシア渡航も叶わなかった

認識し、学名を付けたのだった。

　学名は「Theligonum japonicum Okubo et Makino」。高知県の名野川で発見した植物を、大久保三郎と共に4年かけて調べ、「植物学雑誌」第3巻に新種として発表した。日本では「ヤマトグサ」と呼ばれている。その翌年には、それまでヨーロッパ、インド、オーストラリアのある地域でしか見つかっていなかったムジナモという食虫植物を日本で初めて発見する。

　こういった富太郎の大活躍は、次第に周囲の空気を変えていくことになる。学生でもない職員でもない人間が、大学の資料を自由に使用して、次々に成果を上げていくのを面白く思わない人間がいるのも仕方ないといえるかもしれない。

　1890（明治23）年、自費出版した「日本植物志図篇」が東京帝国大学で出版予定の著作物と競合するという理由から、矢田部良吉教授により帝国大学への出入りを禁じられてしまう。富太郎を歓待してくれた、その矢田部教授の信じ難い手のひら返しだった。

　研究の場を奪われた富太郎はロシアのマキシモヴィッチに自分の現状とマキシモヴィッチの下で研究をしたい旨を訴えた。返事はずいぶん経ってから彼の娘から届いた。そこにはマキシモヴィッチが富太郎がロシアに来ることを喜んでいたこと、しかし、インフルエンザが悪化して急死したことが書かれていた。ロシア行きは潰えてしまった。

　打ちひしがれた富太郎だったが、友人の池野成一郎の口利きによって、東京帝大に設置されたばかりの農科大学の研究室に身を置き研究を続けられるようになる。「日本植物志図篇」の刊行も隔月から月間にするなど、ますますやる気を出していた富太郎に仕送りを続けた生家「岸屋」の経営はさらに傾いた。そして、ついに1891（明治24）年、富太郎は岸屋の財産整理をするために帰郷し、猶を岸屋の番頭だった井上和之助と結婚させたという。

壽衛と富太郎。東京・神田錦町の石版屋の主人のはからいで結ばれた二人。

再び大学へ戻り
代表作「大日本植物志」を編纂する

　そこに、帝国大学理科大学植物学教室の教授になった松村任三から
手紙がきた。富太郎を植物学教室から締め出した矢田部教授が罷免され
たという。松村は富太郎を大学に呼び戻し、富太郎には帝国大学理科大
学助手という肩書と月15円の給料が与えられた。

　しかし、生まれてから一度も金の苦労をしたことのないお坊ちゃんの富
太郎は、そんな額では何もできないのであった。家族は多く、家には大量
の蔵書や標本があるので狭い家に住むことはできない。採集旅行費や本
代はかさんでいく。それらはすべて高利貸からの借金で賄うことになった。
借金はわずか2～3年の間に2000円を突破してしまう。それを同郷の政治
家・田中光顕の斡旋で岩崎彌太郎の弟である岩崎彌之助が全部きれい
に払ってくれることになった。また、同じく同郷の東京帝大法学部教授の
土方　寧が濱尾　新総長に掛け合ってくれて、富太郎は「大日本植物志」
の編纂に従事することになった。

　富太郎が目指す植物図鑑の形ははっきりしていたのである。種類はも
ちろん、花や実のしくみまでよくわかる正確な図であること。つまりは、それ
らがはっきりと印刷された大判の本である。1900（明治33）年2月、「大日
本植物志」の第1巻第1集が世に出た。縦47センチ×横36センチという
大判で、本人も納得のいく出来栄えだった。

　しかし、今度は松村教授とぶつかってしまう。富太郎は人と人との間に、
上下関係を持ち込まない。学問が進歩するのであれば、立場などどうでも
いいだろうという考えだ。それが松村の気に障った。

　結局、「大日本植物志」は第4集まで刊行されたが、それ以降は作られ
なかった。

　1910（明治43）年、富太郎は助手を罷免される。しかし、富太郎の実力
を知る人たちの尽力により、2年後には講師として大学に復帰する。給料
は35円に上がったが、富太郎にとっては肩書や給料は二の次。借金はま
たどんどん膨れ上がっていくのであった。

標本を売る危機が訪れるも
救世主が現れる

　　1916（大正5）年頃、借金が膨らみすぎていよいよ絶体絶命となる。その額3万円。現在の額でおよそ1億円くらいだったという。さすがの富太郎も観念して、研究者の命である標本や書籍を売ろうとした。

　　そんな富太郎の状況を農学士の渡辺忠吾が「篤学者の困窮を顧みず、国家的資料が流出することがあれば国辱である」と東京朝日新聞に書いたのである。この記事が大阪朝日新聞にも「月給35円の世界的学者。金持ちのケチン坊と学者の貧乏はこれが日本の代表的二大痛棒なり。牧野氏植物標本10万点を売る」という見出しで転載された。

　　この記事を見て二人の有志が支援を申し出た。一人は鉱山王の久原房之助、一人は京都帝国大学の学生・池長 孟だった。池長は資産家であった池長家の養子に迎えられ、養父の莫大な財産を若くして引き継いでいた。富太郎は池長の支援を受けることにした。池長は10万点の標本を3万円で買い取って富太郎に寄贈すると申し出たが、富太郎はそれは固辞した。結局、神戸・会下山に標本を保管し「池長植物研究所」を開設し、毎月1回は神戸で研究することが提案され、富太郎もそれを承諾した。

　　しかし、膨大な量の標本はついに整理されることなく3年が過ぎてしまう。池長は痺れを切らし、標本を京都帝国大学に寄贈したいと言い出し、富太郎の逆鱗にふれる。寄贈はなくなったものの、膨大な標本は整理されないまま会下山に残されることになった。

　　1916（大正5）年に富太郎は「植物研究雑誌」を創刊している。より自由に植物の知識を普及するためのもので、資金不足でたびたび休止に追い込まれた。だが、1922（大正11）年には成蹊学園高等女学校の園長・中村春二の援助により復活。そして中村の急死によりまた休止したものを、今度は津村順天堂の津村 重舎の援助によって復活する。そしてそれは、今でもツムラ生薬研究所から発行され続けている。

　　たびたび支援者が現れて、奇跡的に借金の肩代わりをしてくれるのだ

が、それでも生活が楽になることはなかった。壽衛は一念発起して東京・渋谷で「待合」を始める。待合とは、政府の要人や企業人が芸妓を呼んで宴席を設け、商談などをするようなところだ。

　ここで、壽衛の商才が花開く。店は繁盛し、生活はやっと安定しかけた。しかし、帝大の先生が水商売をするとはけしからんという悪口がどこからともなく聞こえてくるようになった。そして、悪い客もつくようになり、店を閉めることになる。

　それ以降も、家賃が払えなくなり、引っ越しを繰り返した。牧野家の引っ越しはおよそ30回にも及んだ。そして、1923（大正12）年9月1日に関東大震災が起こる。

　蔵書や標本を守るために郊外へ移らなければ——壽衛はそう考え、1926（大正15）年、北豊島郡大泉村（現・東京都練馬区）に家を建てた。富太郎は64歳にしてやっと家を持ち、さらに翌年には理学博士の学位も得た。仕事は多忙を極め、日本各地を飛び回っていた。

　一方、壽衛は体の不調を訴えるようになっていた。

　入院するも入院費が払えずに退院ということを繰り返し、1928（昭和3）年2月の寒い朝に亡くなった。富太郎を支え続け、貧乏と闘い続けた人生だった。

　富太郎は少し前に発見した新種のササに「スエコザサ」と名付け、その墓碑に「世の中のあらん限りやスエコ笹」と刻んだ。そして、この後の数年間は大規模な採集を日本中で行い、精力的に論文も書いている。この時期に刊行した『牧野植物学全集』（誠文堂新光社）で朝日文化賞も受賞した。

　1939（昭和14）年、講師の職を辞任し、約55年間通った東京帝大に別れを告げる。77歳になっていた。2年後には、神戸の池長植物研究所にあった標本も返却された。さらに、華道家の安達潮花が富太郎の家の前庭に標本を収める倉庫を造って寄付してくれた。

1900（明治33）年から1911
（明治44）年まで、東京帝
国大学から4集を刊行した
「大日本植物志」。

愛する植物に失礼があって
はならぬとばかりに正装で
採集をしていた。

象牙の塔に籠もることなく
植物学の普及に尽力した

　1940（昭和15）年、『牧野日本植物図鑑』（北隆館）が完成する。これは、植物図鑑といえば多くの人が思い出すほど普及し、今も使われている。富太郎は後半生を植物知識の普及活動に捧げている。それは当時の学者たちとは大きく違った富太郎ならではの生き方だった。

　東京帝大の講師になって初めて富太郎は学生に講義をするようになった。授業は型破りでフィールドワークが多かったと聞く。

　富太郎は学生に限らず、一般の人々が参加できる植物同好会を再三行った。

　1909（明治42）年に横浜植物会、1911（明治44）年には東京植物同好会が創立されており、一般の人たちにも植物に対する興味が広がっていたことが窺える。この流れはその後全国に波及し、富太郎は各地の研究会の創立に携わり、日本中で採集会の講師を務め、講演を行い、惜しげもなく自分の持っている知識を与えていった。

　ただ植物が好きな人が集まり、山や野原で草木を集め、彼がわかりやすく解説するというこの活動は、日本中に植物を愛する心を根付かせていった。きちんと正装して野山に出かけ、大人でも子どもでも分け隔てなく、同じことを何度聞かれても嫌な顔一つせずに丁寧に、そしてユーモアたっぷりに指導していたという。参加者も富太郎を大いに慕い、同好会はいつも大盛況だった。

　住まいを東京・大泉村に移してからも、大学を辞した後も、太平洋戦争が始まってからも続いた。戦争が激しくなり、空襲によって標本庫の一部に被弾したことから、富太郎は山梨県に疎開することになるが、帰京するとまた同好会に出かけていった。

　全国から届く植物の問い合わせにも細かく答えた。そして、多くの人たちが使える図鑑こそが、彼の仕事の集大成であった。富太郎が著した植物図鑑や植物随筆などは、多くの人たちに植物を愛でる心を養わせたことだろう。

67歳頃。東京の郊外、練馬区大泉村にようやく建て
た自宅の前で記念撮影。

80歳になるまで、植物採集をした日は徹夜で標本作
りに没頭していた。

多くの植物同好会メンバーが見舞いに訪れた。1955（昭和30）年7月10日、練馬区の自宅にて。

そして、富太郎のまいた種は
今も大きく育ち続けている

　晩年の富太郎は好きな植物の研究に明け暮れた。1946（昭和21）年、長年蓄積した膨大な知識と和漢の豊かな教養を基に新知見を発表する個人雑誌「牧野植物混混録」を創刊。

　1948（昭和23）年には海洋生物や植物の研究家だった昭和天皇の招きで皇居に参内。吹上御所を歩きながら武蔵野の植物について進講した。この時、昭和天皇は富太郎に「あなたは、日本はもちろん世界の植物学界にとっても大切な人です、国の宝です」と語ったという。

　幼い頃から植物を求めて野山を駆け回っていた富太郎は健康に自信を持っていた。1949（昭和24）年に大腸カタルで危篤になった時も、心臓が止まり医師が臨終を宣言し、立ち会った親族が死に水を含ませたところ、奇跡的に息を吹き返したのだった。

　しかし、1954（昭和29）年の年末に風邪をこじらせて肺炎になったことで寝込み始め、1956（昭和31）年には病状が悪化する。病床でも標本を眺め、双眼鏡で庭の植物を観察していた。

　マスコミは連日、富太郎の病状を報道し、全国のファンから見舞いの手紙が届き、昭和天皇からもお見舞いのアイスクリームが届いた。何度も強じんな生命力で危機を乗り越えた富太郎だったが、1957（昭和32）年1月18日についに帰らぬ人となる。享年94。その翌日、生前の功績に対して従三位勲二等に叙せられ、旭日重光章と文化勲章が授与された。

　生涯に集めた標本は約40万枚。付けた学名は1500種以上。

　亡くなった翌年には故郷の高知県に牧野植物園が開園する。蔵書はここに収蔵された。大量の標本は東京都に寄贈されたのち東京都立大学に収まり、晩年住んだ大泉村の家は現在の牧野記念庭園になった。富太郎のまいた種は大きく育ち、今も多くの人々を魅了し続けている。

Plants Party!!!
Festival of the Future

2

プランツ・
パーティ!!!

植物を愛する人たちが集まって
植物採集をしたり、歌ったり、ごはんを食べたり
牧野博士になったいとうさんと佐川を歩く

Plants

Party!!!

牧野少年が合戦ごっこをしていたというナウマンカルストでおやつ。たくさん歩いてたくさん笑ってみんないい顔。

いとうさんと
令和のプランツ・パーティ!!!

佐川町

牧野少年の歩いた佐川を歩く

　初冬の気配がしている10月初旬のある日、天気はくもり、気温は20℃ちょっと、という絶好のプランツウォーク日和。住んでいるところも、年齢も、職業もまちまちな人が、牧野富太郎の故郷である佐川町の植物を愛でながら歩くために集まりました。

　佐川町の上町地区は牧野富太郎ゆかりの旧跡がコンパクトにまとまっていて、徒歩散策にちょうどいい広さ。植物採集の前に「佐

川くろがねの会」理事長の吉野毅さんの案内で、牧野少年の足跡をたどります。牧野少年が勉強部屋として使っていたという「牧野蔵」の説明を聞きながら伊藤蘭林宅へ。牧野少年は11歳で伊藤蘭林の私塾に入り、しばらくして郷校の名教館に移りました。その名教館の玄関部分を保存改修した建物が、伊藤蘭林宅からすぐの場所に移築されています。牧野富太郎や田中光顕など、幕末から明治にかけてたくさんの先覚者を輩出しました。

　そして、一同は牧野富太郎の生家跡に建てられた「牧野富太郎ふるさと館」へ。ここで、いとうさんは牧野富太郎に変身して、植物採集に出発。ふるさと館の裏庭で自生しているバイカオウレン、西谷の清水でキバナアキギリ、スズムシバナを採集しました。

牧野博士の生家裏で
バイカオウレンを
採集するせいこうさん

36

11：00 AM

牧野富太郎ふるさと館の
裏庭でバイカオウレンを採集

上／「小さな植物なら新聞紙にいっぱいになるくらいに採るので3〜5株くらい」と教えてもらっていとうさんが掘り出したバイカオウレン。下／標本にした時にどう配置すればいいかを考えながら新聞紙に置いていきます。これは仮押しで持ち帰った後の2〜3日は、吸水用の新聞紙を取り換えるたびに形を整えます。

上／採集するバイカオウレンを探すいとうさん。「どれくらいのサイズを採ればいいの」と迷っています。下／牧野植物園の田辺由紀さん指導の下、根を切らないように慎重に土を落とし、根がどうつながっているのか観察しています。

植物を挟んだ新聞紙をベニヤ板2枚で作った野冊に挟んで、ゴムで縛ったものを持って、いとうさんは「できた！」と満面の笑み。

11：35 AM

西谷の清水にて
キバナアキギリ、スズムシバナを
確認・採集

配置する新聞紙は右下のス
ペースを空けます。標本にし
た時にラベルを貼る場所。

キバナアキギリは昆虫が蜜を吸いに花に
顔を入れると、花粉の入った葯が下りて
背中に花粉を付けます。よくできた仕掛け。

西谷の清水の前で
スズムシバナを
採集する
くるみさんとせにうさん

植物を仮押しした新聞紙
の表面に赤いマジックで
採集年月日、採集場所、
採集者氏名を書きます。

12：05 PM

金峰神社にて休憩
ギターとカリンバの流れる
癒やしの時間

里見和彦さんが道中でスケッチ。さらさらと優しいタッチでパーティの様子を描いていく。

植物博士・牧野富太郎を生んだ金峰神社

西谷の清水から、牧野富太郎ふるさと館へ戻る道の途中にある階段で、金峰神社に上がります。牧野富太郎は家の裏山にあるこの金峰神社でよく遊んでいました。子どもの頃にここでたくさんの植物と触れ合っていなければ、植物学者・牧野富太郎はいなかったかもしれません。今もバイカオウレンやシハイスミレなどが群生している、とても気持ちのいい神社です。

ここで一行はしばし休憩。水分をとったり、甘いものを補給したり。そして、菊池啓介さんのギターとSHOさんのカリンバがとても幻想的な音楽を奏でてくれました。

12：30 PM

牧野公園にて昼食＆いとうさんと植物談議

博士になりきったいとうさんが
質問に答える！

　牧野公園の花見塔の広場で田舎寿司の
お昼ごはん。食べ終わったら、必ず昼寝をし
ていたという牧野博士に倣って、いとうさんも
しばしお昼寝です。その後、車座になって質
疑応答が始まりました。佐川に対する熱い思

いや、ドラマ化が決まった感想などを、牧野
富太郎になりきっていとうさんが答えるので、
みんな爆笑。「ドラマ化で佐川が全国的に有
名になって俺の夢が叶う」と大変お喜びでし
た。最後は博士が作詞した『植物採集行進
曲』を菊池さんとSHOさんが演奏。さらにア
レンジバージョンも披露されて、楽しいラン
チタイムは終了しました。

牧野博士同様、お弁当を食べて満腹になった後はお昼寝。英気を養って、これから後半のプランツ・パーティへ！

「『植物採集行進曲』の歌詞はボブ・マーリーや忌野清志郎にもつながるような『愛』に溢れている」と菊池さん。

田舎寿司はミョウガ、シイタケ、キュウリ、ナスなど、野菜がメインの色鮮やかな高知の郷土料理。今回は高知市内の老舗「はりまや橋　寿し柳」で調達。

食後の談話会
ゲンノショウコが咲いている
13:00

1：35 PM

牧野博士のお墓参り
墓前に出版のごあいさつも

博士のお墓の前で、
参加者一同記念撮影

　牧野富太郎のお墓は東京・谷中（台東区）の天王寺と、ここの2ヵ所にあります。博士が亡くなった翌年の1958（昭和33）年、牧野公園ができた時に分骨されました。

　いとうさん、最初は「博士のお墓参りは初めて」と言っていましたが、実は以前に訪れていて記念植樹もしていたことが発覚。「そうだ！ 植えたわ」と記憶を辿っていました。

　博士のお墓を囲んで「牧野富太郎さん、大好きー！」の掛け声で記念撮影もしました。

上／高知新聞の取材も受けました。
下／いとうさんが植えたフジバカマはしっかり根付いておりました。

1：55 PM

物見岩にて佐川町を一望

牧野少年が育った低い山に囲まれた町

　牧野公園の東の端にある巨大な物見岩か
らは佐川の町が一望できます。牧野少年が
育った土地が、幼い少年にも簡単に登れるよ
うな低い山に囲まれた環境だったことがひと
目でわかります。公園があるのは古城山の中
腹で、山頂付近一帯は佐川城跡。当時はこ
こから敵を見張っていたのかもしれません。

バイカオウレンやガンゼキランなどを段々畑に
植えているこの一帯は、実は公園敷地外。稲垣
さんが持ち主に頼むと、快く貸してくれたそう。

物見岩から町を
見降す せにうらさし
14:00

43

地質学者エドムント・ナウマンにちなんでつけられたナウマンカルストに、喫茶店が開店！スコーンに入っているケケンポナシは牧野博士ゆかりの植物。

スコーンにはお好みで杏ジャムか林檎ジャムを添えて。

上／おやつの作者は料理家の有元くるみさん。おかわりもたっぷりありました。下／MAKINOオリジナルブレンドティーはスエコザサなど数種類から選べます。

2：40 PM

ナウマンカルストでお茶会
これにて終了

牧野博士が主催した植物同好会が、
令和の時代によみがえった！

博士は日本各地で「植物同好会」を開催し、
愛好者にとって「会いに行けるアイドル」の
ような存在だった。下の写真は1930（昭和5）
年に学生たちと植物採集をした時のもの。

写真は個人蔵

プランツ・パーティ!!!のススメ
みんなの街でもぜひ開催して

「植物を学ぶのであれば交流を広げなさい」と牧野富太郎は言いました。その言葉を引き継ぐべく、今回のパーティを発案したルーカスB.B.の思いと参加した皆さんの感想を紹介します。

自然さえあればどこの街でも
楽しく牧野の思いを
伝えることができます！

これを手本に新たなプランツ・パーティを

　プランツ・パーティは、もともと牧野富太郎がやっていた植物採集会からヒントを得ました。僕たちは牧野が大好きなので、牧野がやったその気持ちが再現できればいいと企画しました。日本には昔から祭りがあります。それは地域の文化やコミュニティに根ざしたものです。現代にも音楽フェスなどはありますが、もう少し自然をうまく巻き込んだ祭りのスタイルがあればいいなと考えました。

　音楽を演奏する人がいて、絵を描く人がいて、それに、植物に詳しい人はいてほしいですね。今回はいとうせいこうさんに牧野富太郎になってもらいましたが、必ず牧野が必要ということもないと思います。ただ、牧野は植物を愛することは平和を呼び込むと思っていただろうから、そういう思いは伝えたい。

　希望はこれを読んだ人がこれを見本にして、新たなプランツ・パーティをしてくれることです。自然さえあればどこの街でもできますし、意味もあることだと思います。

いとうせいこうさん （がなり切った牧野富太郎さん）

何十年かぶりにこういうイベントに参加できて大変うれしく思っております。若い人にもいい形で伝わって、いろんな分野の牧野富太郎が育ってくれればいいと思います。

ライター
濱野奈美子

フォトグラファー
衣笠名津美

編集者
五十嵐麻子

編集者
角野 淳

クリエイティブ
ディレクター
ルーカスB.B.

高知県立牧野植物園
アドバイザー **稲垣典年** さん

佐川町は町全体が植物園
で、地域の植物を大事にし
ています。あらためて牧
野と佐川を深く感じました。

高知県立牧野植物園
植物研究課 **田辺由紀** さん

今まで関わったことがな
いような人たちと一緒に
行動ができて、いろいろ
刺激になりました。

『MAKINO』著者
竹内 一 さん

久しぶりに故郷に帰って
きた牧野富太郎博士に
お会いすることができて、
とても感激しました。

高知新聞社
楠瀬健太 さん

いろんなタイプの人が集
まってみんなでワイワイ
できる。植物同好会の良
さをわかった気がします。

the groceries shop Loka
市吉秀一 さん

時空を超えて、牧野先生
と一緒に採集しているよ
うな気がしました。心が
ずっとときめいていました。

里見デザイン室
里見和彦 さん

せいこうさんの思いを聞
けて良かったです。僕の
大事なスーツも着てもらっ
てうれしかったです。

里見デザイン室
里見由佐 さん

いろんなことを思い出し
たり、考えたりして、全て
が牧野マジックにかかっ
たようないい時間でした。

映画監督
杉岡太樹 さん

牧野先生のことはリスペ
クトしています。でも、今
日は疲れました。ルーカス
に働かせられました（笑）。

Plants Party People's note

料理家
有元くるみ さん

高知に住んで8年目です
が、初めて行くところばか
りで、牧野さんが呼んでく
れたような気がしました。

フォトグラファー
山本哲也 さん

ルーカスの企画がどうなる
んだろうと思ったけどす
ごく面白かったです。菊ちゃ
んの音楽も素敵でした。

ミュージシャン
菊池啓介 さん

牧野さんの歌詞は全く古
くなくて、すごく影響され
ました。みんな自由に楽
しんでいて良かったです。

カリンバ奏者・製作家
SHO さん

せいこうさんを中心に牧野
先生の温かさを感じる催
しでした。それに音楽で参
加できてうれしかったです。

佐川くろがねの会
吉野 毅 さん

牧野先生を生んだ佐川の地縁力を
中心に紹介しました。遠いところを
来ていただきありがとうございます。

佐川くろがねの会
廣田智恵子 さん

せいこうさんの牧野博士が楽しかっ
たし、音楽もあって、中世貴族の採
集みたいですごく良かったです。

Makino Tomitaro,
Our Hero!

3

われらの
牧野富太郎！

16歳で東京植物同好会の採集会に参加
81歳の牧野博士と親しく交流

園芸好きだった両親の影響で植物に興味を持った横山さんは、府立園芸学校（現・東京都立園芸高校）への進学を希望するも両親に反対され、東京第二師範学校（現・東京学芸大学）へ入学。そこで出会った高木典雄さんから東京植物同好会（現・牧野植物同好会）の採集会があることを知らされます。横山さんが16歳の時でした。

横山讓二

よこやま・じょうじ
1927（昭和2）年、東京都生まれ。東京第二師範学校卒業後、65歳まで中学教諭として生徒の指導に尽力。退職後は牧野植物同好会の会員として採集会や会報編集に携わる。

東京郊外の自宅にて。庭には希少なサクユリを育てる

16歳で東京植物同好会に参加
先生は蝶ネクタイをしていました

　1943（昭和18）年9月に植物学者の高木典雄先生を訪ねていったら「横山くん、こんなハガキが来てんだけど僕はちょっと行かれないんだけど君、行かない？」って。それが牧野先生の採集会だったんです。一人じゃ心細いので友だちを連れて小岩駅に集合しました。1943（昭和18）年の戦争してる最中だけど、食べられる野草、薬になる草なんかの研究は必要だったんで軍隊も歓迎したわけです。余分な話になっちゃうけど、行軍って荷物担いで歩く練習なんかしますよね。ある時キョロキョロしてたから休憩時間に配属将校に呼ばれたんですよ。貴様さっきからキョロキョロ何しとったんだって。叱るつもりだ

ったんですよね。「いろんな植物を何が生え
てるか見ておりました」って言ったら、そうか、
ってそれで終わりでしたね。

牧野先生は上着を着てちゃんと蝶ネクタ
イをしていました。そりゃ感激しましたよ。100
人ぐらい人が集まってました。小岩駅から江
戸川の川岸に行くまで、入れ代わり立ち代わ
りみんなが先生に質問してくる。私たちも負
けずに質問しました。で、採集したら先生の
ところに持って行って「先生、これは何です
か？」って聞くと、即座に教えてくださる。「ち
ょっと待って、これ何だろう？」なんてことは
言わない。来ている人は大学でそういう勉強
をしている人が多くて、女の人もたくさん来
てましたね。花好きな人なんでしょうね。私な
んかは一番下の世代です。親に連れられて
来ている子どももいましたけどね。それが牧
野先生との出会いです。

お昼休みに土手にみんな腰掛けて、先生
がムジナモの話をされてね。先生は一生懸
命ムジナモを（最初に）採集したところを探
しておられた。残念ながら河川工事で堤防を
築いて変わっちゃっているんですよ。それで
とうとう発見できなくて残念だって話をされ
ていました。いつも先生はお昼休みになると
人を集めて話すんです。

牧野先生の会に行ったのはそんなに回数
はないんです、せいぜい10回ぐらい。最初は
高木先生にハガキをもらって行ったんですけ
ど、気に入っちゃってね。維持会費を払って
通知してもらうことにしました。幹事の中に女
性の方がいて、最初はどういう方かわからな

かったんだけど、当時の国民学校高等科の
先生でした。後でわかった話だけど、川村（カ
ウ）先生っていう方で。「君たち」って声かけ
てきたんですね。だからその先生に頼んで会
員にしてもらったんです。

牧野先生のお宅は、
恐ろしい家でしたね（笑）

会費を払うとハガキが来る。ハガキが来
たらそこに書かれた場所に行けばいいんだけ
ど、当時は軍事教練というのがあって日曜で
も休みは隔週しかないんですよ。だからうま
く合わなくて、なかなか参加できない。2回目
に行った時は、学徒勤労動員がかかっちゃっ
て、千葉県の四街道っていう成田の手前のと
ころに、陸軍の飛行場を拡張して大型機が
飛べるようにするための滑走路を造りに行っ
ていました。1944（昭和19）年7月10日から
軍隊の兵舎に泊まって毎日土方作業です。
で、台風が来ると休める。9月の何日だった
か、台風が接近しているから家に帰ったんで
す。そしたらハガキが来てるんですよ。高尾
山の近くの初沢っていう、ちょっとした丘での
採集会でした。

今日は終列車で宿舎に着けばいいんだか
ら行ってみようって。千葉で乗り換えて1駅
だし、もし列車に乗り遅れたら2里（8キロ）
の道を歩けばいいってね。おそらくそれが戦
中は最後の機会だったんじゃないかな。11月
にはもう中島飛行機（1917年から1945年ま
で存在した日本の航空機・航空エンジンメ

ーカー）を狙って偵察飛行に来て、米軍が本当に爆撃を始めたでしょ。その直前だったんです。

私は軍隊の施設にいるから場所もないし物もないし、採集しても標本が作れないわけです。じゃあ、今日は先生にぴったりくっついていようと思って、ずっと先生のそばにいて、皆さんが聞きに来ているやつを片っ端から手帳に書いたんです。その手帳は今も持っています。その時に牧野先生と親しくなったんです。その後は先生も山梨へ疎開するし、確か先生とはもう終戦まで会えなかったと思いますね。

終戦で先生も東京へ帰ってこられて、食糧難でしたけど、でも爆弾だけは降ってこなくなりましたから、牧野植物同好会も再開したんです。そのころ私も何回か参加しています。一番若手の学生ですから、力がありますからね。幹事の方に「どことこの公園まで行くんだけど、君たち先生連れて行ってくれ」って頼まれまして、農家からリヤカーを借りて、先生を乗せるんです。先生は土佐の人でしょう。東京で頑張ってるっていうんで土佐の漁師が先生にプレゼントしたという派手なはっぴを着て……。先生は、そのとき髪の毛がまっ白だったのですごく目立って、みんながジロジロ見るもんだから、ちょっと恥ずかしかったです。

先生が写真好きだっていうのは、当時は気が付かなかったです。今の人は遠慮なく人にカメラを向けるでしょう。昔はちゃんと礼を尽くしてから写したもんなんです。だから大先

生だから写真を撮ったら失礼だと思ってね。僕は写真班ですから、写真は詳しい。でも、カメラは絶対向けなかったですね。先生と一緒に写っている写真が1枚だけあります。大勢で豊島園に行った時に撮ったものです。どこか話をする部屋が欲しいということで借りたんですね、冬だから。

先生のお宅にも行きました。最初は1947（昭和22）年、まだ私が学校を卒業する1年前です。春休みに先ほど言った川村先生についてカタクリの花を見に行ったんです。埼玉に入ってすぐの辺りで、東京郊外の清瀬だったかな、そこから歩いて行くんです。帰り際に「横山くん、牧野先生の家に寄りたいんだけど、あなたも来ない？」って。その時が初めてです。

先生は和服姿で家にいらしたんですけど、いやー、恐ろしい家でしたよ。昔のちょっとした家は玄関に入ると玄関の間ってのがあるんです、3畳ぐらいの。そこへ入ったら障子が捻じ曲がってるんですよね。川村先生が、「先生のうちはすごいんだよ」って。2階の蔵書の重みで根太が曲がっちゃって障子は開けたら閉まらないから。

お茶の間行ってお茶をいただきながら、その時、先生はハゼトウモロコシかなんか研究していらして、そいつをパンパンとやってポップコーンにしてくださって、それをつまみながら話したんだけど、唐紙がはまってなくて、風が吹くと倒れてくるんです。それを先生は手で押さえながら、「君ね」って話すんですよ。

どんな小さな子にも
きちんと話をする人でした

当時、先生は、どんな植物でも自分一人ではとても日本全国で採集はできまい。全国で採集をやるには、いろんな人にその機会を与えてあげなきゃいけない。私の家へ標本を送ってください。ただし2枚送ってください。1枚はいただきます。で、1枚は名前を付けてお返しします。同定料は無料。そういうことをやったんですよ。お金がないのにね。

私も御嶽山（長野県と岐阜県にまたがる山）で採集したある植物が図鑑を見て、いくら研究してもどうも合わないんですよね。で、先生のところでちょうどいい具合に持って行ってたんで、お見せしたら「これくれないか？」って。たった1枚だけですけど先生に差し上げました。今の図鑑（『原色牧野日本植物図鑑』北隆館）を見ると載ってます。私が差し上げたのが基でできたわけじゃないと思うけど、きっと大勢の人がみんな同じものを持ってきたんでしょう。

私はその後、1948（昭和23）年に教師として八丈島に行きまして、7年暮らしました。その間、先生は大病されて歩けない状態で、どのくらい危篤を乗り越えてきたかわからないです。私が東京へ戻ってきた時には、先生を名誉会長にして同好会が再開されていました。その時の写真が寝床の写真として残っているものじゃないかと。こぶしの花の枝を持ってきて、布団の中から手を出して話してくれました。部屋の戸を開けて北風に吹かれ

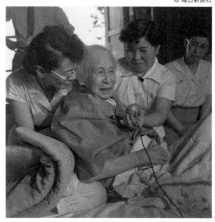

1955（昭和30）年7月12日、牧野植物同好会のメンバーが自宅に集まった。病床でも同好会は開催された。

ながら先生は講義したんです。みんなは庭で聞いたんですよ。先生は1種類で1時間ぐらい喋るんですよ。あの時は30分ぐらいだったかもしれないです。こぶしのいろんな話をするんですよ。それが先生との最後でしたね。

ともかく幸せな方ですね。堅苦しい人だと思っていたら、ものすごくさばけた人で、時々ね、おどけてみせるんですよ。山歩いてるでしょ、崖がありますよね、そうするとね、崖のぎりぎりのところまで行くわけですよ。それで「皆さん長くお世話になりました」ってやるわけですよ。「ああ、先生駄目ですよ」とか言って止めるんだけど。話も面白いですよ。堅苦しいことはあんまり好きじゃないんですよね。やっぱりみんなに愛されたんじゃないですか。どんなに小さい子にもきちんと話するんです。その後、牧野植物同好会で活動したりする人たちにも、やっぱりその精神は忘れないであると思います。

牧野富太郎は植物学者として
ほかの人とは全く違う特徴を持っています

NHKの2023年度前期連続テレビ小説「らんまん」の植物監修をしている田中伸幸さん。その経歴は「牧野富太郎の専門家」に相応しいものですが、「高校で入った生物部の先生が、植物分類学が専門だったり、牧野博士の植物採集会に参加していたり、大学の先生も牧野富太郎の弟子だったという、全てが牧野先生につながる偶然だった」というから縁は異なもの。『牧野富太郎植物採集行動録』の苦労話や牧野富太郎の業績について、語っていただきました。

田中伸幸

標本を整理しなかったから
行動録が必要だった

　私は東京都立大学牧野標本館の山本正江さんと共同で、牧野先生が植物採集を中心とした活動を自身の残した資料を中心に年月日順に辿った『牧野富太郎植物採集行動録』を編纂しました。

　なぜ編纂したのか？　簡単に説明するのはなかなか難しいんですけど、チコちゃん的に言うと「牧野富太郎は標本を作らなかったから」ということになります。

　牧野先生は、たくさんの標本を集めていました。一般の研究者は、どこでいつ採集したかを明記したラベルを作るところまで行うのですが……植物を貼り付けるのは別の方がやるんですけど、でも、牧野先生はラベルを

国立科学博物館筑波実験植物園の熱帯資源温室にて。

たなか・のぶゆき
1971(昭和46)年、東京都生まれ。独立行政法人国立科学博物館植物研究部陸上植物研究グループ長。理学博士。日本大学農獣医学部応用生物科学科卒業、同大学修士課程を修了後、東京都立大学大学院理学系研究科で博士課程修了。2001(平成13)年より高知県立牧野植物園、2015(平成27)年より国立科学博物館に所属。

作ることも同定して種名を書くこともほとん
どしなかった。植物を包んだ新聞紙に地名と日
付が書いてあるだけで、新聞紙の先生の字
の情報だけを基に、牧野標本館のスタッフ
の方たちが何十年もかけてラベルを作成し
て貼る作業を続けてきたのです。

　先生は植物にたくさんの学名を付けまし
た。でも、学名を付けたら必ずその学名がど
の標本に対応しているかということ、つまり基
準になる標本を決めなくちゃいけないんです。
牧野先生の標本は、その対応がほとんどわ
からない状態でした。ご自分の字で、例えば
「清澄山　昭和六年十二月二日」って書い
てあったからといって、ご本人が採集したと
は限らない。でも、彼の直筆というだけで、牧
野富太郎が採集したものとしてラベルが作
られたケースもありました。

　牧野先生は大変記憶力がいい方なので
すが、記憶力がいい人は自分の記憶力を過
信して、「いつでも整理できる」と思ってしま
うんですね。それで以前採集したものを、記
憶を辿りながら書いたりしている。当然、間
違えることだってあります。ご自身で書いて
いるけれども、明らかに間違いではないか？
というものもありました。そういった字の情報
だけを頼りにした精査は本当に大変だった
と思います。

　あれだけたくさんの日本の植物に学名を
付けた半面、そういう状態で残された標本を
研究資料として活用するにはとてつもない注
意力が必要であるという特異な例ではない
でしょうか。

一般の知名度NO.1！
牧野富太郎だけの特徴

　日記だけではなく、先生が遺したハガキや
領収書などを見てみると、ずいぶん贅沢をし
ていたことがわかりました。どこに行ったかが
わかるような資料があれば、私は行動録に取
り入れました。でも、例えば観察会の案内状
があったとしても、当日、本当に本人がそこ
に行っていたかどうかはわからないですから、
一つの資料だけを信じることはしないように
して、いろいろな資料に当たる必要がありま
した。

　大変だったのは解読です。日記は人に読
ませる前提で書かれていないので、文字が
判読できない。特に牧野先生の日記は、わり
あい丁寧に書いてある時と、何が書かれて
いるか全くわからない時とのばらつきがすご
いんです。いろいろなことに影響されやすか
ったみたいで、ローマ字表記が流行った頃
は、日記も全部ローマ字表記なんて年もあり
ました。

　東京都立大学牧野標本館で定年までず
っと標本整理の仕事を続けてこられた山本
正江さんのところに、いろいろ問い合わせが
来ていました。やっぱり牧野標本館だから、
牧野富太郎についてはここに聞けばわかる
だろうと思う人が多いんでしょうね。

　人気者だった牧野先生ゆえにすごく特徴
的なのかもしれないんですけど、さまざまな市
町村から「うちの町に牧野富太郎が来たと聞
いてるけど、それがいつなのか知りたい」とい

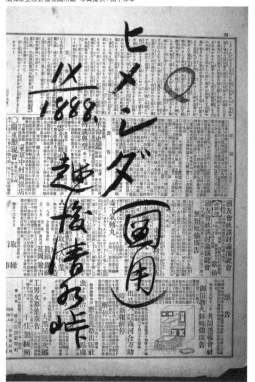

新聞紙に採集情報を書いていた牧野博士。標本ラベルの作成の頼りはこれしかなかった。

ったような問い合わせが、よく来ているんです。植物分類学者がその町に採集に来ただけで、それがいつだろうなんて、興味は湧かないはずなんですよね。でも牧野富太郎だから、ネームバリューが普通の研究者とは違う。

　例えば市町村史などに「何年何月、あの牧野富太郎先生が調査をされました」と書きたいんでしょうね。「行動録」を発行したのも2009（平成21）年とかなり前のことで、その後わかった事実もたくさんあり、だいぶ空白が埋まってきました。そのデータをパソコンに入力してしまえば、地名で検索ができる。町の名前を入れれば、牧野先生の行動の跡が出てくるようになる。それが多分、『牧野富太郎植物採集行動録』の最終形なんじゃないかなと思います。

　そうやって牧野富太郎の情報は未だにアップデートされ続けています。2012（平成24）年に「牧野富太郎生誕150年記念展」を牧野植物園が国立科学博物館と共同で開催した時、牧野植物園側の担当が私だったんですけど、牧野富太郎は過去の人ではないという視点をテーマにしました。未だにたくさん本が出ているんです。牧野博士は亡くなっていますので、たいていは過去形で、亡くなったところで終わってる。でもそうではないんですよね。

　私はNHK連続テレビ小説「らんまん」の植物の監修をしていますが、ドラマ制作はなかなか大変です。そもそも植物がない時に撮影するんです。春や夏のシーンを秋から冬に撮影するので、植物が一番ない時期なんです。花は1ヵ月くらいしか咲かないから、物語のストーリーが少しでもずれたら、植物を変えないと成り立たなくなるんです。例えばレプリカを作るにしても、1年前には花を採っておかないと型取りができない。ドラマのスタッフの方もご苦労されていると思います。

日本各地の研究者、愛好家たちを育てた

　牧野先生は「世界的な植物学者」と呼ばれていますが、それはある程度、マスコミが作り上げたというところもあると思いますね。一言で言うと「日本のフロラの研究をした人」。つまり、ある地域の植物を網羅的に調べてまとめるということをした。

　日本のフロラの基礎を作ったのはツュンベリー（スウェーデンの医師、植物学者。1775＝安永4＝年に来日し、『フロラ・ヤポニカ・日本植物誌』を出版）で、その後にシーボルト（ドイツで医学、動物学・植物学・民族学などを学び1823＝文政6＝年に来日。多数の日本の植物をヨーロッパに紹介）がそれを基盤にして研究が続きま

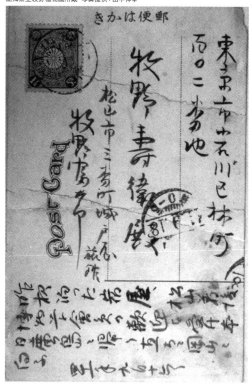

松山市の旅館から壽衛さんに出したハガキ。『牧野富太郎植物採集行動録』の資料になった。

した。ただ、在住の研究者は調査地の網羅性が違うので、西洋人が見逃していたものまで見つけることができた。日本の植物に一番多く名前を付けたのはリンネ（博物学者、生物学者、植物学者。1707-1778。植物名を「学名」として一定の規則に従って命名）ですが、牧野先生は日本の植物に最も多く学名を付けた日本人です。

　ただ、牧野先生の特徴は、研究だけをやっていたわけではないということなんです。牧野先生が学術論文を盛んに書いている時期

は、50代ぐらいまで。94歳まで生きましたから、あとの半生は植物観察会とか、いわゆる「普及活動」をしたんです。研究者というよりは、今でいう学芸員的な人だと思います。研究者は学術論文で評価される。牧野先生は、学術論文は書いたけれども、普及書も多く書きました。日本各地の研究者、愛好家たちを育てたっていわれるんですけど、あれだけそういう活動をした研究者はいないでしょう。

　あれだけ勉強すると、やっぱり身に付けたことを周りに伝えたくなりますよね。観察会や

講演会などの案内状がたくさん残っています。講演活動とか一般向けの普及、啓蒙的な随筆だとか、そういったものがむしろ牧野先生の業績なんです。植物愛好家たちが牧野先生から習ったことを基に自分の地域の植物を研究していったので、昭和に入ってから多くの地域で県や市町村単位の植物誌が発行されました。その結果、日本はアジアで最も地域の植物図鑑類が豊富な国になったんです。

自分も幸せ、みんなも幸せ
すべてが幸せサイクルに

牧野富太郎らしさっていうのはそこにあって、だから今も生き続けているんです。世界的な植物学者であれば、私たち研究者の中でしか生きてなかったはずです。つまり世界的研究者だったら、学会の中だけで生きるもの。でも牧野先生はちょっと違う。よく「アカデミズム対在野」みたいに言われますけど、それは違うと思いますね。だって、牧野先生は東京大学にいたわけです。東大の研究室で東大が集めた標本を基に研究していて、アカデミズムじゃないなら何なのかなって感じです。だから全くの独学でもないだろうし、アカデミズムの中の人間だったと思います。ただ、その後、第一線の研究から抜けるんです。

そもそもその植物に詳しくなるためには時間が必要。忙しい大学の先生よりも、職がなかった牧野先生のほうが、時間がたっぷりある。要は幸か不幸か最小限にしか組織に在

籍することがなかったということが、牧野先生がこれだけのことをできた最大の理由だと思います。

科学は進歩し、常に新しいことが入ってきて、ずっと同じことを続けるのは、本来は難しいんです。牧野先生は、例えば実験科学みたいなものには一切興味がなかったと思うんです。終始一貫して植物に名前を付ける、日本の植物を網羅的に調べて全部それをまとめるっていうことに興味が向いていたように思います。

そこにきて、たくさんの人から「先生、先生」と慕われるようになる。植物についてはどんな疑問にもほとんど答えられる知識も得ているので、さまざまなところからお呼びがかかって、旅費も出してもらえる。満州に出かけた時も、旅費を出してもらっています。行った先でも歓待されて、また新たな発見があって、自分の名前を植物に付けることができる。標本についても、鑑定をしてほしい、牧野先生に見てもらおうと日本全国から標本が送られてくる。それもある程度、植物に詳しい人が送ってくるので、ちょっと普通とは違うなというような珍しいものばかり。ずっとそういうサイクルで、人生がプラスに回っているんです。そりゃ、牧野先生はやめられないですよ。それでみんなの幸せにもなっているんですから。

植物研究の集大成として世に出したのが、学術論文ではなく図鑑（『原色牧野日本植物図鑑』）だったということも、最大の牧野先生の特徴です。最初に志した『土佐植物目録』から一貫しています。『土佐植物目

録』は、牧野先生がずっと高知で暮らしていたら完成できなかったと思うんです。全体がわからなければ、部分はわからないんです。土佐は日本の一部で、その時に日本のフローラは全部わかっていなかったから。植物観察会などで他府県の人たちと接する時に、その人たちが自分の故郷にある植物をたやすく調べられるようにするためには、図鑑は最適です。亡き後も、図鑑が残れば、地域のフローラの研究を自分の同好会や観察会に参加した人が使えます。それが牧野富太郎の業績です。

田中さんの研究室にある牧野博士の書。博士の孫の岩佐まゆみさんが幼い頃に博士からもらったものだそうだ。

「天真爛漫」とは
ちょっと違うしたたかさがあった人

　でも、ご覧になればわかると思いますけど、あの図鑑は調べるためのものというよりは、「読み物」です。牧野先生は文章を書くのが好きだし、話も面白い。私は「ナルシストの学芸員」だと思います。人を楽しませたいとか、笑わせたいとかが、性格の根本にあったと思うんです。残された写真やエピソードにも表れている。いわゆる愛されるキャラクター。だから経済観念もなく、奥さんも苦労させて、お金を全部自分のために使っちゃって、普通の人だったらどうしようもない人なんですけど、やっていることがみんなのためになるという、それがあるから危機的な状態になると、必ず奇跡的に助け船が出るんです。

　一般での知名度は、日本の植物学者では群を抜いてます。さらに独学だったとか、小学校も出てなかったとか、東大を追い出されても頑張ったとか、日本人の好むようなエピソードがたくさんあった。牧野先生ご自身も、自分をプレゼンする能力に長けていたのではないでしょうか。

　やっぱり行動力はさすが土佐人というか、押しが強かったんだと思います。19歳で田中芳男さんという「日本の博物学の父」と呼ばれる大博物学者に手紙を書いて「会いたい」と言い、自ら道を切り拓いている。

　「らんまん」というドラマのタイトル、とても的確な表現ではあるんだけれど、牧野先生には「天真爛漫」とはちょっと違うしたたかさがあったと思います。芸人さんも人を笑わせるために、計算していますよね。牧野先生にはマスコミを味方につけるような言動もいろいろとしていますが、それもなかなかできるものじゃないと思います。そういう計算ができる資質があった人ですね。

牧野植物園と共に歩んだ52年
アドバイザーの肩書で新たな目標に向かう

52年もの長きにわたって牧野植物園に勤務していた稲垣典年さんは、牧野博士と植物園の生き字引と言っても過言ではない人。2022（令和4）年の3月で常勤スタッフとしては一区切りをつけ、広島県に移住。今はアドバイザーとして、植物園の講座や観察会の仕事を受け持っています。また、自治体と共に「牧野富太郎の歩いた道」の整備を行ったり、後進の育成にも尽力する毎日です。

稲垣典年

偶然に小石川植物園へ
その後、52年の牧野植物園勤務

　牧野富太郎に出会ったきっかけというのは、特にないんだけどね。最初は親父が図鑑を買ったということかなぁ。『牧野日本植物図鑑』（北隆館）の初版が出たのが1940（昭和15）年10月3日で、その年の10月30日に僕が生まれて、親父はその記念に初版を買っている。親父は教師ということもあったんだろうね。値段は15円。教師の俸給がひと月75円ぐらいの頃です。

　小学校の時は遊びほうけていて勉強なんかしない子どもでした。その時は植物にもそこまで興味もなかったし、昆虫採集のほうが好きだったかな。ただ、夏休みの自由研究では、植物をやりました。なぜなら、簡単にできるか

いながき・のりとし
1940（昭和15）年、高知県生まれ。室戸市で育つ。京都大学大学院農学研究科附属農場、東京大学大学院理学系研究科附属植物園（小石川植物園）を経て、1970年から牧野植物園に勤務。現・アドバイザー。植物に対する深い愛情と豊富な知識で園内外に多くのファンを持つ。

ら（笑）。家が室戸だったものですから、最初は海辺の海藻をとってベタベタ貼っていたんだけど、ある年に自分の家から学校までの間に生えていたシダを集めて提出したんですよ。それから中学校、高校と、ずーっとそれをやった。去年よりも一つでも種類を多くしようと、シダばっかりを集めて出したんですよ。

そうしてるうちにシダだけじゃなく、ほかの植物を覚えてきてね。高校になると美術部で絵を描きながら植物採集をする毎日だったから、生物の先生に「京大に研究生制度があるから、お前行くか？」って勧められて。その頃、親は転勤で別居していたので、誰にも相談せずに進学を決めてしまいました。

当時は2年行ったらいいという制度だったので、京大の農学部に研究生として入れてもらいました。先生は「観葉植物」という用語を作られた瀬川弥太郎教授でした。ところが、たった3ヵ月で「お前、ここじゃいかん。東大に行け」と言われたんですよ。先生は栽培、特に世界のヤシを研究していたのですが、僕は休みの時には植物採集に行って、勝手に教室の中を標本だらけにしていた。先生はそれを見ていて、そこまで熱中するんだったら東京の小石川に行けってことになったんだと思います。それで、ちゃんと籍を構えてもらい、小石川植物園（現・東京大学大学院理学系研究科附属植物園）で学ぶことになりました。当時、植物園の中には理学部の教室もあって、植物の分布と進化について大胆な新説を唱えた前川文夫さんという植物学者が教授兼園長をしていて、いろいろな植物

学者と一緒に勉強ができた。東大の植物学教室標本室係で、のちに東京教育大学（現・筑波大学）の教授になった伊藤洋さんという高知出身の人もいて、同郷だからと挨拶に行ったら、シダが専門で一緒に勉強することになったんですよ。夏休みの学生実習に「一緒にお前も来い」って言われて屋久島に行ったり台湾に行ったり、いろいろな場所にご一緒させてもらいました。

その後、国家公務員の資格を取って、1970（昭和45）年の3月まで小石川植物園に勤めて、翌月の4月から牧野植物園に勤務することになった。気がついたら2022（令和4）年の3月まで働いていました。勤続52年でした。

だから、きっかけというきっかけはないんだけれども、そういうことです。特に植物を始めようと思ったわけではないし、偶然回り回って東大の植物園に行くことになって、偶然にシダの担当になったということです。

牧野富太郎が歩いた道を
発掘してウォーキングコースに

「牧野富太郎の道を歩く」というツーリズムをやることになったのは、1971（昭和46）年のこと。佐川町が牧野公園をどうしたらいいかと僕のところに相談に来たのがきっかけです。現地に行ってみたら、牧野公園という名前なのに牧野に関する植物は何もなくて、分骨の墓があるだけでした。当時は桜の名所として知られていたけど、それが衰えてきたというので相談に来たんだね。ただ、僕は「もう

桜は意識せんことにしたらどうか？」と提案したんです。日本人は桜が大好きで、もちろん僕も嫌いじゃない。でも、それだけじゃいかん。というのはね、桜だけだと、365日のうちの花の咲く時期の1週間ほどしか人が来てくれない。あとは桜が咲いていないんだから、どんなに手入れしたって誰も来てくれない。だから、桜だけじゃなく、牧野富太郎が命名した植物とか、佐川に大事な植物とか、そんなものを植えて公園を造りませんか？って言ったんだけど、当時は興味を持ってもらえませんでした。

　仕方がないので、それは放っておいて、高知県西南の三原村や大月町で同じような話をしました。大月町には「アシズリザクラ」というヤマザクラがあるんです。牧野が見つけて「アシズリザクラ」と名付けようとしたけど、運悪く他界してしまってそのままになっていた幻の桜です。それを見つけ出したら、満月に満開になる「月光桜」という名で有名になった。他にも名前の付いた桜が三つあるんです。1番目は、地名である「清王」に由来する「清王姉妹桜」。2番目に見つけたのは「長沢」という地域だったことから「長沢月光桜」と名付けました。三つ目は「月瀬さんご桜」という名前です。目標はさらに10本の桜を見つけて名前を付けて、それを1日で回れるコースを造ろうと思っていた。だけど、ちょうどコロナ禍になって、僕も行かれなくなって……。他にも大月町では「牧野富太郎の道を歩く」と銘打って、牧野富太郎を追体験できる六つか七つのコースを造って、毎年春と秋にツアーをし

ていたのだけど、それもコロナ禍でできなくなってしまって、それがすごい残念ですね。

　佐川町のほうは、ちょうど10年前、牧野富太郎生誕150年で、県下全域で牧野富太郎を観光資源にしようと盛り上がった時に、佐川町も「何かせないかん」と思ってくれたみたいで、やっと僕の考えを取り上げてくれた。ただ、最初は「公園整備に何億あったらいいか？」っていう話だったんだけど、僕は「予算どうこうよりも時間と人をください。後は我々でやりますから」って言ったんだよね。造園業者を入れて何億というお金をかけて造っても、一番いいのはできた時だけで、そこからは衰えるだけなんです。誰も管理しないから。箱物を造るのではなく、まず人を育てないと絶対にいいものはできない。だから佐川町では、地元の皆さんと植物観察の会を開いたり、タネを育ててもらって、栽培方法のアドバイスをしたり、そんなことをやってきました。

造園業者の緑化整備より
地域の人を育てることが大事

　人を育てなければと思ったきっかけは、大月町の端にある柏島でやった活動だね。当時、柏島に行くのには国有林の中を通る車道だけでした。ただ、それを広げることは国有林を傷めることになるので、トンネルにしてもらいたいとお願いをしたんですよ。一緒に動いてくれたのが土木コンサルをしていた竹田恒夫さん（当時は株式会社エイト日本技術開発に勤務）です。竹田さんは公共事業の

「稲垣さんは富太郎の後継者」と断言するいとうさん。稲垣さんから植物について教えをこう時間は至福のひととき。

設計の仕事をしていて、本来は破壊する側なんだけど「自分は地球を傷めている。何か別の方法はないか?」と、植物園に相談に来てくれた。国や県は「予算はあまりないけど緑化してください」っていう。それだと業者は安くて強い植物を植えるだけなんですよ。地域の特性も考えていないし、誰も世話をしないからどんどん衰えていく。例えばツツジを植えようとなったら、ヒラドツツジ、キリシマツツジを植えるのが普通です。でも、これらは九州のツツジだから、日本中が九州のツツジだらけになってしまう。四国にそんなのいらんでしょう。県外の人が四国に来ても、九州のツツジを見る意味はない。そんなことを話したんです。

人を育てるという意味では、地元の人を巻き込むということが大切です。柏島の場合は、トンネルも出入り口はどうしても自然を傷めてしまうわけだから、そこをどう解決できるかを頼まれて、じゃあみんなで勉強し合う機会を作ろうと提案しました。小学生を中心に、大人も来てもいい柏島の原生林の観察会を何回もやったし、ノジギクとかツワブキを植えたりね。ノジギクもツワブキも2年で咲きますから、種をまいて育てて、工事が終わったらそこへ植えましょう、と。当時の大月町には七つぐらいの小学校があって、その全部の学校に「1月にみんなで種を取りに行って、子どもに配って育ててください」とお願いをしたんです。ただ、春休み、夏休み、冬休みがあるから、学校に任せきりだと絶対にうまく育たないだろうとこちらは踏んで、たばこ販売協同組合のビニールハウスでタバコと一緒に作ってくれとお願いしておいた。でも、蓋を開けてみたら、全然その必要はなかった。学校同士で競いあって休みの日にも交代で行って水をやって、みんながきれいに作ってきてくれた。ここまでできたなら、ただ地元の人だけで植えるのはもったいない。そう思って、当時の橋本大二郎知事のところに行って「記念植樹をしてくれませんか」って頼んだら、ご夫婦で来てくれて、記念植樹のイベントま

でやれた。

業者が植えっぱなしだったらすぐ他の草に負けて衰えていくんだけれど、イベントに参加してくれた子どもや親御さんたちは通りかかった時に、自分が植えた植物の周りの草取りとかするわけですよ。すごく気にしてくれる。その様子を見て「やっぱり人を育てないかんな」と思ったわけです。

それで佐川町でも中学校に行ってお願いをして、種まきから全部指導してね。今は「はなもりC-LOVE」という組織を作って、全部ボランティアでやっています。

牧野公園はかつてはいろんなものが植わっていたんだけど、みんなを説得しながら佐川と牧野富太郎に関係のあるものだけにしますよ、と教えていく。そして、種から必ず育てる、ということをずっと指導していく。そうすると10年かかって今の牧野公園のように、ちゃんと佐川町にとって意味のある公園になっていくわけです。

何気なく行った博物館で
牧野博士の行動がわかることも

牧野富太郎がどこを歩いたかは、ご本人の手帳に書いてあったり、日記に書いてあって、その行動録と植物標本を全部突き合わせて地図の上に落とすとだいたいがわかります。でも、抜けてるものもたくさんあるんですよ。どこそこへ何月何日から何日間行ったというだけで、中身がないものがほとんどですからね。標本があればわかるけれども、標本

がないと全くわからない。

ところが、同行した人の日記がひょこっと出てきて、牧野の行動が詳細にわかることがたまにある。たとえば、広島の庄原市の比和村（現・庄原市比和）に、比和自然科学博物館という施設があって、そこで牧野の展示（2019年7月19日〜10月6日「植物学者 牧野富太郎が登った吾妻山 ―吾妻山植物誌の完成を記念して―」）をするというので、それはぜひ行かねばと思って行ってみたんです。そうしたら思いがけず、不明だった牧野の行動がわかって、驚いたということがありました。

牧野は近くの吾妻山に3泊4日で行っている。でも、行動録には行ったことは書いてあるけど、何をしたかまでは書いていない。ところが同行していた地元の学校の先生が、「ここでタイシャクイタヤカエデを見つけた」というような記録を日記に残していた。見つけた時は新種だったので「名前をタイシャクイタヤカエデにしよう」と書き入れていたり。それがそっくりその比和自然科学博物館の出版物の中にあったんですよ。そういう偶然の発見もあるんです。

牧野富太郎が歩いた道を
各県に一つは造りたい

これからはね、牧野富太郎の歩いた道を掘り起こして、各県一つは造ってみませんか？という運動をしようと思っています。各県に牧野の歩いた道があれば、北海道の人だったら次は青森行こうか、いや岩手行こう

植物を通じて人々がつながり合う「まちまるごと植物園」という取り組みを行う佐川町。稲垣さんの活動が実った。

かという気持ちになるでしょう。岩手の人だって隣の県も行ってみようとなる。日本中の牧野の道を歩いてみたいとなるでしょう？　そうすると、最後にはみんな高知に来るんじゃないかな（笑）。

牧野は北海道の利尻・礼文から屋久島まで、全国をくまなく回っていた。神戸、広島、新潟も佐渡も行ってるし、静岡も行っている。「小室山を半分に切って見せたらいい。それで富士山の構造が全部わかる」と大胆なことを書いていたりもする。

広島県北広島町の千代田に八幡湿原という場所があって、ここは牧野富太郎がカキツバタの花びらの紫色の花汁をワイシャツに塗って染めたという逸話があるところで牧野の句碑もある。僕は、たまたまヒメザゼンソウとカキツバタを見に、先日の6月4日（2022年）に見に行ったんだよ。「向こうに人がいっぱいおるが、何しよる」と思って行ってみたらカキツバタ祭りの日だった。「なんで今日なんですか？」と職員の方に聞いたら、牧野富

太郎が初めてここに来てワイシャツに塗りつけたのが6月4日だったから、と。それで自分が牧野植物園の関係者であることを伝えたら、相手も本当にびっくりして、いろいろな話ができた。それと句碑のすぐ後ろに臥竜山という山があって、そこに牧野が登って5-6人で撮った写真も残っていて、その写真をパネルにして公園に設置していた。その句碑の石がなぜか仁淀川の石で、高知県の越知町が送ったものだったこともわかったしね。

牧野の道として、有名になってるところもあるけど、そうでないところもまだまだある。それを造っていきたいし、交流を生むための手伝いもしていきたいね。僕が「牧野富太郎の道を歩く」を全国に広げるなら、1コース2時間で行けるように造る。そうしたら1日に二つは行けて、ちょうどいい観光になるんじゃないかな。コロナ禍で止まってしまっていたこともいろいろ進めないと。新しい人も育てないといけないし、やることはまだまだいっぱいだよね。

五台山は「いのちに触れる山」
帰る時には心がほどかれていく

牧野植物園の園地は、もともとは四国霊場第31番札所・五台山 金色院 竹林寺（ちくりんじ）の境内地でした。「植物園を造るなら竹林寺がある五台山がいい」と牧野博士は生前、希望していましたが、その言葉通り、現在のご住職の海老塚和秀さんの祖父である義隆さんが境内地に植物園建設を許し、現在の牧野植物園があります。一つの山に寺院と植物園が隣同士という大変に珍しい五台山をずっと見つめ続けてきた海老塚さんに、五台山のこれまでとこれからについて語っていただきました。

海老塚和秀

五台山は歴史の山
文化の中心地だった

　私は牧野植物園が開園した年に生まれました。祖父は牧野博士が亡くなった翌年の1958（昭和33）年に亡くなりました。もちろんその頃のことは知りませんけどね。今の牧野植物園の南園は竹林寺の境内地で、中にいくつかの脇寺（本寺に所属する寺）がありました。明治の廃仏毀釈でお寺を打ち毀しの騒動があって、当時の竹林寺は疲弊の極みでした。お坊さんが追い出される、お寺は毀される、仏像は焼かれてしまう。そんな状態で人手に渡ろうとしたわけですね。草ぼうぼうで管理も行き届かないので、それだったら

えびづか・わしゅう
1958（昭和33）年、高知県生まれ。大正大学在学中の1980（昭和55）年、四国霊場第31番札所・竹林寺住職に就任。爾来、札所寺院として数多の遍路人と触れ合うとともに、「祈り・学び・楽しみの場」として現代に開かれた寺の姿を求めて活動を続ける。

植物園で使っていただいたほうがいいだろうと、祖父にはそういう思いがあったんでしょう。

当初は五台山の山頂北斜面あたりという案もあったらしいですけどね。結局、今の場所がいいだろうということになったみたいですね。水が出るからこちらがよいだろうと。南園にはいくつか井戸が残っていますからね。だから、温室だとか今、建設中の研究棟であるとか、芝生になっている場所は、1.5メートルぐらい掘れば鎌倉時代の竹林寺が出てくる。

五台山というのは歴史の山であって信仰の山でもある。かつては土佐における学問・文化の中心地だったんです。そういう文化的な土壌があったところに牧野植物園が造られた。一つ山の上に寺と植物園が肩を並べてあるところは、日本でもここだけでしょう。私は五台山というのは「いのちに触れる山」だと思っています。寺というのは人の生死に思いを向ける一方、植物園は植物の生態を通じて命の不思議に触れる場所。そういう意味では、この一番大事な「いのち」に触れたり気づいたりする、そういう場所が五台山という山なのかなと思います。

五台山は高知の皆さんの心のシンボルですね。よく県外や海外にしばらくいて、久しぶりに高知へ帰ってきたという方によると、高知空港からバスに乗って市内に戻ってきたり、土讃線で山を抜け高知平野に入ってきた時に、五台山が見えると本当に高知に帰ってきたと思うと言います。この五台山っていうのは高知県民にとってそういう心の故郷のよう

いにしえの時代には三重塔があったが、1899（明治32）年の台風により倒壊。1980（昭和55）年に五重塔として再建することができた。

な場所なのだと思います。かつて、五台山は子どもたちにとっては遠足の場所だったのですね。高知の人は、よく「たつくりまわった」と言います。高知の人は遠足が牧野植物園で、あの園の中を「たつくりまわった」と。土佐弁で駆け回った、走り回ったという意味です。そういう小さい頃の思い出があるわけですから、それが心の拠り所になって、やっぱり帰ってくる場所だとか心のシンボルというような場所になったということでしょう。昔は植物園の中でお花見で、酒を飲んだりね。おおらかな時代でしたね。

日常からしばし離れて
自分の心を広げてみる

20年ほど前、牧野植物園さんと植物葬というお葬式を一緒にさせていただきました。絶滅した植物を弔うということで、絶滅が危惧される植物をみんなに大事にしてもらうこ

とを訴えようと行いました。

　昔、高知で新聞のお葬式というものがあったんです。1872（明治5）年のことです。だんだん言論弾圧がひどくなってきて、土陽新聞、今の高知新聞ですけど、自由に新聞が発行できないような世の中になってしまったんだったら、もう新聞は死んだも同然だからみんなでお弔いをしようとなって、高知の街中から五台山まで昔のお葬式の形で新聞を柩に入れて、行列をしたんです。行列の前後には旗を持ったり、位牌を提げたりして。五台山にはそういう歴史があったので、新聞のお葬式があったんだったら植物のお葬式もしようと。それでお経の代わりに唱えたのが『菩多尼訶経』（日本初の組織だった植物学書）という本。江戸の終わり頃に、蘭学者の宇田川榕菴が植物学を啓蒙するために書いたこの本がお経仕立てになっているんです。「如是我聞」から始まる。お経仕立てなので、当時の人たちには非常に入ってきやすかったんでしょうね。知識が広まりやすい。それを唱えました。

　今は、いろいろな遊園地がありますね。「楽しかったー」と帰ってくる。でも遊びに行っているんだけど逆に遊ばされているような。そうじゃなくて、これからは自分の関心の度合いによっていろんなことを知ったり、学びを深めたりする、そういう喜びというものが大事になってくる。牧野植物園で「あ、きれいだった」と草花を楽しむもよし、もう少し植物の世界のことを知ったら、その関心の度合いに応じて世界がまた広げられる。そういった知る喜びが溢れている、それが植物園だと思います。五台山は、日常からちょっと離れて自分の心を広げてみたり、あるいは自分の知らない世界に気づいたり触れたりする、そういう場所になったらいいと思いますね。五台山から帰る時には、遊園地から帰る時のように「うわー、楽しかった」だけではなくて、じんわりと心が喜びに満たされるような、そんな場所になっていったらいいのかな……と。

　五台山は車を使わない山になればいいと思います。上高地（長野県松本市）、あそこは車が入れないでしょ。すると車に気をつけなくてはいけないというストレスから解放され、本当に心がほどける。そういえば仏という言葉は「ほどく」から来ているとも言われています。インドの言葉のブッダ、それを仏と表した。執着や煩悩でカチカチに凝り固まった心を「ほどく」、そこから「ほとけ」になっていった。いろんなものに執着したりいろんなものを嫌ったりして、僕らはもう心をガチガチにしていく。自分と他者を分け、自分を守ろうとして、心をガチガチに鎧のようなものにしていく。でもいざお寺に来て仏様に相対すると、あるいは植物園に行ったりすると、心は自然と解かれていく。そういう特別な場所になったらと思います。

竹林寺へは歩いて来る
そしていのちと向き合う

　手つかずだった寺の西境内を整備する時に、その設計と造園を当時の京都造形芸術

大学教授の尼崎博正先生にお願いしました。日本の今の造園学の第一人者の方です。その時に納骨堂を造る予定もあったのですが、私は建築には疎いので、尼崎先生に「どんな方に相談したらいいでしょう?」とお尋ねしてみたら、堀部安嗣さんという建築家がいいんじゃないかと。しっかりした考えで建築をされるということで、依頼しました。

堀部さんは五台山のこれからについても大変関心を持っていただいて、「この山はとてもポテンシャルが高い。これから50年、100年かけてこの宝をどんどんいいものにしていきたい」と、そんなお考えでした。

その中で、道の問題が出てきました。昔は遍路道しかなかったんですね。お参りの道しかなかった。それがやがて昭和の時代になって車道ができた。それも大事かもしれないけど、この五台山というのは歩いて楽しむ、そういう山じゃないかと。もちろんお年寄りとかお体の弱い人は別ですけれど、そうでない人は車を離れて歩くのがいいんじゃないでしょうか。

境内の中心から納骨堂はちょっと離れたところにありますが、堀部さんといろいろ話をする中で、建物に至る過程を大事にしようということになりました。納骨堂が建つ場所に至る辺りには、以前は昔の人が踏み通った自然の小道がありました。それをそのまま通路にしました。その道を一歩一歩歩んで納骨堂に至る過程で、気持ちが納骨堂に眠る肉親のほうへ、気持ちがすっと向いていく。歩みを進めるうちに、自然と亡き人に気持ちが

文殊菩薩を本尊に祀る本堂(文殊堂)。1644(寛永21)年、土佐二代藩主山内忠義公により造営された。国の重要文化財に指定されている。

向いていくような、そういう道のあり方っていうのは大事かもしれないということで、その昔ながらの道をそのまま活かしました。

私は生まれも育ちもここです。ずっとこの環境の中です。ここには江戸時代当初に造られた本堂もあれば、昭和に建立した五重塔もあれば、明治のお堂もあったりと、そういうのが混在しています。当初はみんなモダンな建物だったんでしょうね、その時代、その時代のモダンさと人の知恵と思いが結集した形なんです。ですから納骨堂もやがて境内の中に時間と共に、溶け込んでいくものだろうと思っています。そういうおおらかで寛容な場所が寺であったらいいかなと。これは駄目、これも駄目と、どんどん排除するのではなく、全て縁として受け入れる場所です。

牧野博士はご自身のことを草木の精だとおっしゃった。まさにそれは自分の垣根を低く低くしていった人だからこそ言えることだと思いますね。

竹林寺、空海、牧野富太郎
コロナ禍の世界で自然との関わりを問い直す

牧野植物園に隣接する竹林寺。納骨堂を知人の建築家が設計したことから、竹林寺を訪れるようになった中島岳志さん。獣道をそのまま活かし、周りに溶け込むように設計された納骨堂は、「自然に沿う」という思想を持っていた空海にも、そして牧野博士にもつながると言います。このコロナ禍の世界で、先人に学ぶべき自然との付き合い方について聞きました。

中島岳志

竹林寺の納骨堂は
自然の理（ことわり）の中に

　竹林寺（66ページ参照）は私が大変親しくさせていただいている建築家の堀部安嗣さんが納骨堂を設計しました。すでに出来上がっている五台山の竹林寺に建築物を建てるのは、建築家にとってものすごく怖いことだと思うんです。それが、壮大な別世界に入っていくようなところに、僕から見ると見事なものを造っている。納骨堂がある場所に行く道が重要で、その道はもともと獣道でした。その道を残しているんです。彼はそれに自然の理があると考えている。ここが曲がっているのには、動物たちにとっては意味がある。とするならば、そこには手を加えず、それに沿いながらどういうものが建築として可能なのかと考

アジアの政治やナショナリズムの専門家。インド地域研究も行う。

なかじま・たけし
1975（昭和50）年、大阪府生まれ。東京工業大学リベラルアーツ研究教育院教授。京都大学大学院博士課程修了。北海道大学准教授を経て現職。専門は南アジア地域研究、日本思想史。著書に『中村屋のボース』『朝日平吾の鬱屈』『血盟団事件』『親鸞と日本主義』など。

えているんです。

堀部さんは建築が環境の中にどうやれば溶け込むのかっていうことを、徹底的に考える人なんです。周りの風景の中にどういう佇まいでここの場所があるのか、それを読み解きながら納骨堂や庫裡を造っていった。竹林寺は堀部さんと一緒に五台山全体で植物園と竹林寺をどうつなげるかというランドスケープをずっと考えている。そのためにはつなげる論理が必要なんです。

コロナになってから今までどちらかというと避けてきた空海を、私は一気に読みました。なぜかというと、コロナの問題は環境破壊の問題と密接につながっているからです。明らかにウイルスのお引っ越し問題です。森を切り拓いたことで住み処が激減した野生動物、その中にいたウイルスが人間と接触する機会が増えた。であるならば、パンデミックはもう少しで終わると世の中では言われているけれども、そんなわけはなく、実はこれからも次々とやってくると思います。SARSも、MERSもそうでした。つまり自然との関わりを根本的に考え直さないといけないと思います。その時に私の中で浮上したのが一人は空海、もう一人は牧野富太郎なんです。

空海の思想では
科学と神秘は矛盾しない

空海に強く興味を持った理由は、彼の井戸です。弘法井戸とか弘法水というものが日本各地にあります。錫杖を突いたらそこから

水が噴き出した。「空海さんはありがたい霊力を持っている」とみんな思ったわけです。もちろん全国に残っているもの全て、あの弘法大師空海がやったのではなく、多分空海が複数いたということだと思うんです。つまり空海のような僧はたくさんいた。あの当時の人たち、あるいは本人たちにとってもそれは一種の霊力と捉えられたでしょう。しかし、たくさんの僧たちが山岳修行をしていて、彼らが何を身に付けていったかというと、それは地の相を読む力なんです。山で暮らす中で一番重要なのは水のありかを探ることです。僕たちは地表だけ見ているんですが、山岳修行僧には山は水の蔵に見えている。それがどう流れてどう出てくるのかを読む力が彼らにあって、それで水が出てきたっていうのが、真相だと思います。

空海の土木事業で一番有名なのは満濃池(香川県にある日本最大級の溜め池。空海により修築されたと伝わる)だと思いますが、空海のように山岳修行した人たちが治水や大規模な土木に関わっていました。竹林寺は開祖が行基(飛鳥時代から奈良時代にかけて活動した日本の仏教僧)です。行基という人は、基本的に町で布教してはいけなかった奈良時代において、疫病が流行った時に、寺の中にいるのは衆生救済を願う大乗仏教に反するじゃないかと考えた人です。それで水や道を整えることが救済につながると思った。その一環で竹林寺が建立され、それを継いだ空海が修復したということになっている。ですから、竹林寺は地の層を読むことができた

古い時代の仏教と、土木っていうものに関わりが非常に強いお寺だと思います。

僕はこれを「野生の思考」を提唱しているクロード・レヴィ＝ストロース（1908-2009。フランスの文化人類学者で構造主義者）で読み解きたいと思いました。近代人は科学や理性によって全て合理的に捉えようとする。しかしレヴィ＝ストロースはいわゆる未開の人たちの中に、たとえば風にいくつもの名称を付けて風の吹き方によっていろいろなものを読むという野生の知識を見る。僕たちは天気図で天気を見ますけれども、猟師さんは雲の位置や形で雨を読んでいます。野生の思考は実は近代的思考と相反するものではなく、むしろ野生の思考を突き詰めていけば最先端科学と合致するというのがレヴィ＝ストロース構造主義です。空海が身に付けたのはこの野生の思考だったと思うんです。自然をコントロールするのではなく、そのあり方をうまく読みながら関わっていく方法、しかし彼はそれをやっぱり大日如来（真言密教の教主。大日とは「偉大な輝くもの」：サンスクリット語マハーバイローチャナ Mahāvairocana の訳）の霊力だと考えたと思います。

それがあの時代の密教というもので、やはり大日さんが中心で、六大（地・水・火・風・空・識）があらゆる森羅万象を作っていると。だから空海は読む力と共に護摩を焚く儀礼を欠かさなかったのです。僕たちから見ると神秘主義に見えるものが科学だった。そういう次元を生きたのが空海で、それが反映されて開かれたのが竹林寺です。

牧野の標本画がなぜ美しいのか
描く過程に宗教的なものが見える

この発想と牧野富太郎の植物学がつながっていると思います。竹林寺と牧野富太郎は直で関わっていたわけじゃないんですね。たまたまそこに牧野植物園ができたことをどう読むかということなんです。

ステイホームになってすぐの頃、僕は子どもを連れて近所を散歩をしていて、息子がたんぽぽをお母さんに持って帰ると言ったんです。一つだけ花が咲いているのをちぎって、瓶に入れました。花は夜になると閉じるけれど朝日が出ると開いて、また閉じてとやっている。時間があるので毎日じっと見ていると、何か曼荼羅（サンスクリット語でmandalaといい、本質、心髄、醍醐を意味する）のように見えたんです。曼荼羅は、スプレッドとスピンだと、僕は言っているんですが、真ん中の大日如来の力が八方へ広がっていく。それでぐるぐる回って大日に回収されていく二つの胎蔵界と金剛界があるんですが、森羅万象の神秘みたいなものを捉えた曼荼羅のように見えたんですね。

その時に牧野のことを考えました。牧野の標本画はなぜ美しいのか。標本画と写真は何が違うのか。標本画は観察眼で要点をしっかり見抜き、取捨選択した上でポイントを絞り込んで表現する。写真は雑多な情報も全部整理されずに映し出される。牧野は自分の中でこの植物の要点を咀嚼し、どこがこの植物の重要なものなのか、取捨選択した上で描

いている。そしてなぜかそれが大
変美しくなるのが、牧野の最大
のポイント。上手というだけでは
済まされない何かがある。それは
近代科学から入っていないって
いうことが重要だと思うんです。

　彼は既成の学問を学んだわ
けではなく、ただ地元の高知の
田舎で山を巡って観察した少年
です。植物が好きで仕方がない。
晩年にはそれがどんどん高じて
いって自分は植物の精霊かもしれないと言い
始めるのです。「植物の宗教を立てよう」みた
いなことを言ったりしている。彼の一貫した、
近代的な眼差しとは違う植物への対処の仕
方はまさに僕は野生の思考というものだと思
います。植物を捉えて標本画を書くのもまさ
に空海が曼荼羅を描くようなそういうものとし
てあったんじゃないか。彼は単に植物を観察
して綺麗に描こうと思ったのではなく、そこに
含まれている精霊、ある種の霊的な力、神秘
を描き出そうとしたのではないかと思うんで
す。ですので、牧野植物園へ行って標本画
を見ていると、隣の竹林寺とすごくシンクロ
するものがあったんです。

　牧野がどこまで密教を意識していたかは
全然わからないですが、あるいは竹林寺のほ
うも牧野を自分たちの思想体系の中でどう捉
えているかは曖昧なんですが、僕から見ると
相似のものという気がします。もしかしたら言
語にできない次元で牧野は捉えていたのか
もしれない。よく見て咀嚼して標本画にする

真言宗の宗祖・空海 (弘法大師) を祀る竹林寺の大師堂。

そのプロセスは、彼にとっては極めて宗教的
なものであっただろうと思います。

牧野と共通点を感じる
熊谷守一の抽象性

　空海は自然に沿うということをやったんだ
と思います。満濃池は今の技術から見ても最
先端といえるような力学を使っています。特
にR形の堤。これはダムにも使われているん
ですが、一番強い構造です。空海は遣唐使
の一員として唐に行った時に最先端の土木
技術を学んできたからだろうといわれている
んですが、そんなわけはないと僕は思ってい
ます。空海は曲線が持っている強度を、近代
的な知性とは違う野生の思考の中で知って
いたんだと思うんです。アール形状の中には
霊力があると彼は多分思っているので、土木
作業の間ずっと護摩を焚いているんです。そ
れを僕たちは力学と捉えて空海はすごいと思
うんですけど、彼にとっては宗教的な霊力で

ある。10年近く彼は修行していますからいろんなところで知ったんだと思う。その積み重ねが彼の土木というもので、それは空海だけではなく、当時の僧侶はそういう存在だったんだと思います。だから土木と僧侶の世界はつながっていて、近年では医師の中村哲さんがそういう人ですね。

そういう人たちは結構たくさんいると思っています。例えば『土中環境』という本を書かれた高田宏臣（NPO法人地球守代表理事。株式会社高田造園設計事務所代表）さんは土の中が見える。根と根がどういう関係になっているか菌糸は情報伝達をしていると言います。長年の造園の経験によって、彼はその土地の形状から水がどう流れていくのか理解し、土中環境の改善をやって水を染み込ませる。そうすると菌と菌が情報交換し始めてその土地がうまくいく。この人が手掛けると枯れてしまってどうにもならなかった新潟の海岸線に松林が戻るんです。害虫がついてるから駆除しないといけないって言われてきたのに、高田さんは違うと。土の中の水と空気の巡りを改善すると害虫がいなくなる。

すごく空海的です。菌がやってくれる、菌におまかせする環境を整えれば良いという発想です。

土井善晴（料理研究家、フードプロデューサー）さんとよく似ている。土井さんも「盛り付けは引力に任せたらいいですわ」って言うんです。

匠っていわれる人たちは同じ発想で動いていると思います。

コロナになってもう一人、牧野と同じ視点で興味を持ったのは熊谷守一（1880-1977。画家。フォービズムの画家と位置づけられている）です。彼は牧野と逆の方向に行きながら同じ論理を使っています。彼は20年間ぐらい家から出てなくて、元祖ステイホームの人です。自宅は今、美術館になっているんですけれども、晩年、その家の中と庭から一切出なかったんです。毎日何やってるかと言うと庭に出て、庭でゴロゴロしながらずっとそこで植動物を見ていたんですね。だから熊谷は蟻の足がどの足から順番に出て動いているのか全部言えたんです。であるがゆえに、彼は非常に抽象度の高い絵を描く。牧野はディテールを描いてその中の神秘を見た人ですけれども、熊谷守一が描いたのは例えば葉っぱや花でも、ものすごく抽象化されてそぎ落とされたものです。けれど、その中に実は最大のディテールが現れて、彼の観察眼の局地が現れます。そぎ落として選ぶんです。

有名な猫の絵があるんですが、これはすごい。何気なく「ゆるカワ」みたいに見えてしまうんですけれども、尻尾のところの力の抜け具合と、でも、この猫は何かあったら瞬時に動けるように右前脚のところにちょっと力が入っているんです。この、全体が緩んでいながらもとっさに動きを取れるような緊張感っていうものを、ここまでそぎ落として描くというのはそう簡単ではないはずなんです。それが熊谷守一の観察眼だったと思うんです。僕はそれは牧野とすごく似ていると思う。同じものを見ていたんじゃないかと。

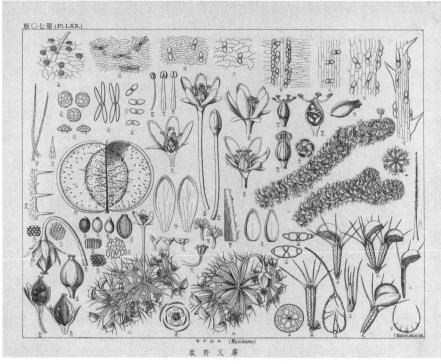

ディテールを追究し、世界に名を知られるきっかけとなった「ムジナモ」の植物図。

　こういう世界というものは学者などよりも職人だったり、あるいは芸術家、そういう人たちが言語にできないところで捉えたものの中に現れることが強いなと私は思いました。本当に心眼を持った職人や芸術家たちは、実は最前線である。そういう例はおそらく無数にあるんじゃないかと思います。

　コロナの時代は、人間がアグレッシブに自然を統御しようという時代です。特にアグリビジネスが熱帯雨林を乱開発しました。その結果、野生に近づきすぎて、いろんなものが、特に畜産系のものを媒介として私たちにやってきている。鳥インフルエンザなんかが典型だと思いますけれども、こういった私たちの自然に対するあり方を根本的に見直さないといけないということが、コロナの本質なんだと私は思います。

　でも、みんな「コロナ前に戻りたい」ばっかりです。「いやいやコロナ前に戻ってどうすんだ」「コロナ前に戻ったらまたコロナになるぞ」——それがまだ共有されていない。そろそろ見直したらどうかっていう時にこそ、僕たちには牧野のような先人に注目してみたいと思うのです。

75

トンネル作ろうが、穴掘ろうが、
木に登ろうが草の中走り回ろうが、
じいさま、なんにも言わなかったね

1928（昭和3）年に妻の壽衛さんが亡くなってから富太郎の研究と生活を支えたのは、次女の鶴代さんでした。牧野一渟さん、額賀じゅんじさんのご兄弟は、鶴代さんのお孫さんにあたります。お二人には家族しか知り得ない、曾祖父・牧野富太郎について語っていただきます。お二人で曾おじいさんについてお話しするのはなんと今回が初めて。「幼すぎて思い出はない」と言いながらも、楽しいお話をたくさん聞くことができました。

牧野一渟

まきの・かずおき
1946（昭和21）年、満州生まれ。企業を定年退職後、東京都練馬区東大泉にある「練馬区立牧野記念庭園」の学芸員として、牧野富太郎の業績を顕彰する活動に携わる。

額賀じゅんじ

ぬかが・じゅんじ
1951（昭和26）年、東京都生まれ。広告代理店を経てカメラマンに。現在は、東京都港区新橋の「ラウンジ憩」、東京都文京区千駄木の「ラウンジ榛」のオーナー。

練馬区立牧野記念庭園にて牧野博士とスエコザサと一緒に（左・一渟さん、右・じゅんじさん）。

家にいる時は和服を着てふらっと庭に出てきて散歩

——ここに（右ページ写真）写っているのが一渟さんですよね。

一渟　2歳くらいかな。じゅんじは五つ違うからほとんど記憶ないんじゃないの？

じゅんじ　おばあちゃん（鶴代さん）がテレビ見ている奥のほうで、じいさまがなんかやってるとか、そういうのは見てる。あとは散歩してる姿が記憶にあるね、不思議と。

一渟　確かに。遊んでるとおじいさん出てきてたよな。うちにいる時は和服だからさ、羽織を着てふらっと出てきてたよね。90を過ぎてたと思うんだけどお目当ての植物があると何時間も座って観察してたよ。おばあちゃんが心配して家に入るように言っても言うことを聞かないでずっと座り込んでた。

真ん中の幼児が一渉さん。終戦直後の和気あいあいとした大家族写真。

じゅんじ　あと標本館、この銅像（左ページの写真）の前の広場に標本館が建っていてそこに住まいがあったので、その印象がすごく強い。

一渉　標本館じゃなくて正しくは標品館だけど。未整理のまま40万点もの植物標本が入ってたんだけど、ガラスが割れて野良猫が入り込んじゃってさ、一歩でも中に入ろうもんなら痩せた蚤が飛び掛かって来るんであまり中に入ることはなかったね。

じゅんじ　母屋が向こうにあって。うちのおばあちゃんが、当時のたんすみたいなテレビで、画面が7インチくらいの。

一渉　たんすほどはでかくないよ。

じゅんじ　僕のイメージからするとそのくらい大きく見えた。それを毎日見てる印象はすごくある。

一渉　当時のお金でね、50万円って言ってたから。まだテレビが出始めた頃で、NHKが実験放送で柔道かなんかの番組をやってたんだ。それを富太郎に見せようって言って、おばあちゃんが台を作って、寝てるそばに置いたんだよ。そうしたら全然見ないの。全く興味を示さない。その後もテレビは一切見なかったね。それにしても鶴代おばあちゃんはすごい人だったね。父親であるわけだけど学者としての富太郎をとても尊敬していて壽衛さん亡き後の富太郎を支え続けたもんね。今

77

写真からウイスキーまで、凝り性を仕事につなげるじゅんじさん。

こうして朝ドラの主人公のモデルとして脚光を浴びるのも、富太郎が亡くなった時に植物標本は（東京）都立大学、蔵書は高知県立牧野植物園、大泉の住まいは（練馬区立）牧野記念庭園にと鶴代が中心となって残したからだと思うよ。

じゅんじ　じいさまは、本の間に座ってるイメージが強い。奥の書斎のところでなんかこうドァーッと本がある中で、いつも何か書いてる。そういうイメージがすごく強いね。おばあちゃんはそんなじいさまをほんと献身的に支えてた。

一洵　俺らは、富太郎の人生の10分の1ぐらいしか、一緒にいない。なおかつ記憶があるのが5年ぐらい。お前だと2年ぐらい。

じゅんじ　僕がおばあちゃんから聞いたのは蛇の話。嘘か本当かわかんないけど、夜にじいさまの周りに蛇が来るって。

一洵　それは本当だと思う。

じゅんじ　それで、もう寝るから帰れ、って言うと蛇がみんないなくなるって。

一洵　（笑）それはわかんないけど。とにかく富太郎のいる部屋に青大将が入ってくるのはしょっちゅうだった。とにかく細かいことにはあんまり頓着しなかった。俺たちがこの庭の中でいっくら遊んでも、絶対怒らなかったもんな。

じゅんじ　トンネル作ろうが、穴掘ろうが、木に登ろうが。

一洵　草の中走り回ろうが、なんにも言わなかったね。

耳が遠くなっていて会話はなかった
遊んでもらった記憶もない

じゅんじ　洋館が向こうにあったじゃない。

一洵　あれは1926（大正15）年に引っ越してきた時の家。洋館じゃないけど、玄関だけが洋館風ではあったよな。お前の時はもう、あそこの中は入れなかったでしょ。

じゅんじ　お化けが出るとか熊がいるとか言われてた。

一洵　でもまだ住んでたんだよ。あそこにどうやって住んでたんだろうね。本の重みで床が平らじゃないの、梁を中心にして部屋が坂になってた。

じゅんじ　でもこっちの部屋も……晩年、じいさまが研究してた部屋にベッドがあったじゃない？

一洵　今はもうないんだけど1951（昭和26）

年に新築した家だよね。ベッドがあったのは寝室で書斎は別にあった。その書斎はそのまま保存されてて、今は建物だけだけど2023（令和5）年3月までに当時の書斎を再現することとなって準備してるところなんだ。富太郎は入院することなく自宅で亡くなったんだけど、病状が悪化して湿度を保つのに、今みたいに加湿器みたいな物がなくて、周りにビニールひもを張って、そこに布を渡して水をかけたりしてたから、床がボコボコになっちゃって。富太郎の葬儀はあそこではやらなかったけど、おばあちゃん（鶴代さん）のお葬式でみんな集まった時に床が抜けちゃって大変だった。

一般企業の会社員から学芸員へ。ルーツ探究に余念がない一淳さん。

――富太郎さんが何かしている時は鶴代さんに静かにしていなさい、って言われてたんですか。

一淳 そうですね。さっきの洋館って言われてたほうにいた時は、おばあちゃんから行ってはいけないと言われていたから、俺は富太郎がどこにいたか知らなかったです。富太郎はお昼になるとすぅーっと出てくる、そういう感じだったね。耳が遠くてあんまり話すこともないし、俺も4〜5歳くらいだから。「思い出話はありますか」ってみんなに聞かれるんですけれども、ありません。遊んでもらった記憶もありませんてね。俺は小学校の時からずっと登校拒否児で、小学校1年はほとんど学校に行ってない。出席日数が足りなくて、仕方なく私立の学校に入ったんだけど、そこが

もっと合わなくて。結局、そこもやめて越境入学するんだけど、とにかく学校が嫌だったんだよね。

じゅんじ あの頃はもうじいさまはいなかったよね。

一淳 もういないね。亡くなったの小学4年生の時だから。お前が5歳の時だね。

じゅんじ 僕は変な収集癖と遊び心だけは受け継いでる気はするんですよね。植物の話はお客さんのほうが詳しくて、「あんたひ孫でしょう？」って言われても、ですよねって（笑）。少しでも植物に関わっていれば、多少言えますけど、全然違うから。

学芸員としてのミッションで
牧野家の家系を調査中

一淳 そういえば最近、佐川（高知県）の

家族と一緒に雑木林を散歩する牧野博士1951（昭和26）年12月に撮影。

一浄　牧野記念庭園の学芸員としてのミッションで、俺だけでやっているわけじゃないです。高知の青山文庫や牧野植物園とも協力して調べています。東京の富太郎の子孫と高知のご子孫と何かしら交流を持ちたいなっていうのがあって。佐川に行っても誰もいないんじゃなくて、牧野家の方々とお会いできたりするのが一番いいなと思っています。

誰にでも植物を通じて分け隔てなく接する人

牧野家のご子孫とお会いすることができました。富太郎の生家岸屋につながる家系が3系統あることや牧野公園の上のほうにある富太郎の両親、祖父母のお墓やもう少し先のご先祖様の調査もすることができました。

じゅんじ　お墓は江戸時代のものまで残ってる。

一浄　そう、分家して岸屋を継いだ四代前のお墓までは確認できた。お寺の過去帳とか残っていると、もっといろいろなことがわかるんだろうけど、それは残念ながらなかった。

じゅんじ　なるほどね。

一浄　富太郎が眠っている天王寺（東京都台東区谷中）のお墓は『ボタニカ』（朝井まかて著）に出てくる園さんが亡くなった時に買ったみたい。

一浄　食べました。悪いけど（笑）。でも、もう半溶けみたいだったけど。これは天皇陛下からだから大切に味わってと言われて。

じゅんじ　晩年は、取材陣のテント村みたいなのもできてたよね。

一浄　そう、当時富太郎は有名だったからね。危篤状態が長かったので記者さんたちも大変だったみたい。1月18日に亡くなった時、この庭と外側の道路が生花で埋め尽くされた。

じゅんじ　天王寺の葬式も青山の葬儀もたくさんの人が来て、子ども心にじいさんは偉い人だったんだって思った。

一浄　富太郎がこれだけの業績をあげられ

たのは、やっぱり東京大学に出入りできたからだよね。宮部金吾っていう北海道大学（当時は札幌農学校）の先生が留学してたハーバード大学から帰ってきた時に、当時の東大理学部で記念写真を撮っていてね。キラ星みたいな当時の教授や学生が一堂に会して写っているんだけど、その人たちと富太郎は一緒に研究できたんだよね。今回のドラマの脚本家の長田（育恵）さんが「富太郎を磨き上げるための鮮烈なる出会い」ってどこかに書いていて、このことを言ったのかはわからないけど、まさにドンピシャの表現だと思ったよ。

じゅんじ　だけどさ、じいさんの立場じゃその会合に呼ばれないのわかってても、きっと悔しかったろうね。

一淨　そうね、自分の置かれた立場はわかってたと思うんだけど、晩年のインタビューを聞くとやはり悔しかったんだと思う。でもね、植物が心底好きで植物を研究したいってい

う気持ちは、なんかすごく透明でそんなことへの反発心とは無縁だった気がする。それと、どうしてこのエリートたちが富太郎を受け入れてくれたのか、とても興味があるんだ。（朝井）まかてさんも「水平な人間関係」って言ってるんだけど。富太郎の基準は植物だから。人に話を聞くと、みんな「富太郎さんは子どもにも誰にでも植物を通じて分け隔てなく接した」って言ってる。植物好きの金持ちのボンボンて思ってた人もいるんだろうけど、それだけじゃなくて、一途に植物を愛する富太郎には人を惹きつける何か魅力があったんだろうね。

じゅんじ　こうやって話してるとじいさまが歩いてきそうだね。

一淨　そう、日本の山野のどこかを今も歩いてるんじゃない？

※2022年8月15日、練馬区立牧野記念庭園にて対談

練馬区立牧野記念庭園
東京都練馬区東大泉6-34-4。
西武池袋線「大泉学園」駅南口徒歩5分。入園料無料。
電話：03-6904-6403

マキノジンのカナメは佐川の焼酎とスエコザサ
司牡丹酒造の1983年製ポンコツ蒸留器が大活躍

牧野富太郎ゆかりの、そして高知ゆかりの植物を使ったクラフトジンであるマキノジン。NHKの朝の連続テレビ小説「らんまん」の放送が決定と発表があったのは、なんとマキノジン発売の1週間前。高知市内のBARクラップスのオーナー塩田貴志さんは、「残りの人生をかけてマキノジンを世界一のジンにする」と気炎を上げています。ミラクルが重なり続けて生まれた美酒の、驚きの製造秘話を伺いました。

塩田貴志

牧野富太郎の生家の蔵に年代物の蒸留器があった！

　マキノジンを造るきっかけは、私も所属している土佐学協会の「土佐酢みかん文化を楽しむ会」でした。酢みかんとは、香酸柑橘のこと。「酢みかんを使った料理をみんなで楽しみましょう」という会で、毎年1回、開催されています。私たちは、利き酒ならぬ利き木酢（香酸柑橘果汁）と呼んでいるのですが、3〜4年前、「今度はジンで利き木酢をしましょう」という話が出て、それなら高知のクラフトジンが必要になると思ったんです。

　高知には「いごっそう」という焼酎があります。頑固もんとかひねくれ者を意味する言葉で、それが名となった焼酎なんですが、アルコール度数が43度ある。米焼酎で43度とい

しおた・たかし
1957（昭和32）年生まれ。1990（平成2）年12月にオーセンティックBAR・ダンディズム土佐BARクラップスを開業。全国バーテンダー技能競技大会創作の部優勝。日本バーテンダー協会ベストバーテンダー受賞など多くの賞を受賞。

BARクラップス
高知市帯屋町1-2-8　徳屋ビル地下1F・地下2F
電話：088-824-2771

うのはとても珍しいので、私は、この店の開店当初から「いごっそう」を使っています。

「高知のクラフトジンを造るなら、世界に誇れる"いごっそう"の製造元、司牡丹酒造の焼酎を使うしかない」と思いました。司牡丹の焼酎を使うなら、司牡丹のある佐川にちなんだ名前をつけるしかない。ならば世界的に有名な植物学者・牧野富太郎の名前を名乗るしかないだろうと考えたんです。最初

今やマキノジン製造に欠かせない40年ほど前に作られた「ポンコツ蒸留器」の前で、さまざまな逸話を語る竹村司牡丹酒造社長（右）。

はいろいろ、名前の候補があったんです。博士の下の名前を取って「トミージン」にするとか（笑）。でもやっぱり「そのままで行きましょう」ということになって、「マキノジン」になりました。名前の響きがとってもいいと思います。

　牧野博士の生家は岸屋という造り酒屋でしたが、博士の代で売却したんですよね。その後、今から130年くらい前に岸屋から司牡丹酒造が譲り受けて、蒸留器（右上の写真参照）がある場所は、もともと岸屋の蔵があったところだったんです。その蔵の壁が崩れて、この蒸留器が今の場所に移転していた。私が司牡丹酒造の竹村昭彦社長に「マキノジンを造りたい」とお願いしに行ったら、そんなエピソードが出て、社長も驚いていました。私も驚きました。その時に運命を感じました。「これはやらないかん」と。

　蒸留器は年代物で、しかも10年くらい使っていませんでした。最初は使えるかどうかわからないと言われたんですけど、試運転を何

回してもらって、大丈夫だとわかりました。ベーススピリッツには「いごっそう」ではなく、「大土佐」という焼酎を竹村社長から紹介していただきました。これが面白い焼酎で、香りは日本酒、味は焼酎というすごく不思議なテイスト。ひょっとしたら面白いジンができるかなと思いました。私たちはこの蒸留器を、親しみを込めて「ポンコツ蒸留器」と呼んでいます。

全体をまとめる役割
欠かせないスエコザサ

　キーボタニカルはスエコザサです。スエコザサは牧野博士にちなんだ植物として欠かせません。でも、どこで手に入れていいかわからない。結局、佐川の牧野公園から譲っていただいたものを育ててもらっています。スエコザサはこれまで観賞用としてしか栽培されていませんでしたから、商業用として増産する方法を誰も知らない。試行錯誤しながら増

やしています。使う時には乾燥させているし数グラムしか入っていないので、ボタニカル全体の割合からいえばほんの少しなんですが、入れると入れないとでは大違いです。全体をまとめる役割があるんです。スエコザサには血糖値を下げる効能があるということですし、ちょっと重めの食事をした時などにもいいと思います。

それ以外にも全部で12種類の高知にちなんだボタニカルを集めました。南国市でグアバを栽培する南国にしがわ農園さんが、有機栽培のグアバの生の葉と果皮を提供してくれています。グアバは、普通は実が大きくなるように品種改良されているんですね。でも、にしがわさんのところはグアバの葉をお茶にするために、原種に近いらしいんですよ。だから、果皮もオリエンタルチックな香りが出ておいしいです。加えて、ウッディな感じが欲しかったので、前川種苗さんのカヤの木を使っています。高知は碁盤とか将棋盤を作っているカヤの産地なんです。その削り節はちょっと白檀に似ためちゃくちゃいい匂いがします。それにイエルバブエナ。モヒートを作る時に日本ではミントを使いますが、実際はイエルバブエナを使うんです。いわゆるキューバミントです。それを栽培するところが高知にあります。普通のミントより野性的な感じがあり、天候的にもラテン系なのも高知っぽいですよね。他にもファーム・ベジコのレモングラス。このレモングラスは、香りが他のものとは全く違います。

「マキノジン」のラベルは、里見デザイン室の里見和彦さんにお願いしました。里見さんとは、それまで全く面識はありませんでした。里見さんの高知新聞の連載をずっと見ていて、この人にお願いしたいと思ってネットで名前を検索したのですが、その時はヒットしませんでした。どうしてもお願いしたかったので、再度検索したらデザイン事務所のウェブサイトがヒットしたので、メールをお出ししました。里見さんと私は同い年で、お互い牧野博士が亡くなった年の生まれです。里見さんが博士が亡くなった40日後、私が50日後です。そして、牧野博士の笑顔のマキノジンのラベルのイラストの基になった写真は、博士が65歳前後のものです。そして、私たちもちょうど今、65歳。博士はそれまでいろいろと苦労をしてきましたが、65歳くらいから仕事で成功していくんです。イラストはいろんな年代の博士の絵を3点、里見さんに描いてもらったのですが、そういう意味も込めて65歳頃の博士のこのイラストをラベルに使用させてもらいました。左手にはスエコザサを持っています。

バーではこだわりの牧野野菜を提供

ちなみに、店でチャームとして出している唐人豆は牧野野菜の一つです。1942（昭和17）年頃、牧野博士に師事していた竹田功さん（元県立幡多農業高校教諭）が牧野博士から「高知の在来野菜の調査と保存」を行うことを指示されて、高知県の伝統野菜の

種を託されていたものが、最近になって竹田さんのご長男の順一さんにより発見されました。牧野野菜とは、この種から栽培された野菜の総称です。高知市の潮江地区の生産者の熊澤秀治さんが長年、潮江菜という野菜を探していました。熊澤さんの新聞記事を見た順一さんが熊澤さんに連絡をし、種子が託されました。そこから伝統野菜・在来種を中心に、高知県でチームを作って生産することになった。それが「チームマキノ」です。病気に弱いとか、弱点はあるみたいですが、野菜の味はすごくおいしいです。

この唐人豆も熊澤さんが育てたものです。正直、値段はすごく高いですが、それくらい貴重なんです。その土地土地に根づいている在来種が、連綿と受け継がれていくことは大事だと、私は思うんです。

「マキノジン」を蒸留するポンコツ蒸留器は1983（昭和58）年製で、あと5〜6年はもつだろうといわれています。2022（令和4）年の4月から毎月1回蒸留していますが、大人気ですぐに売り切れてしまいます。現在のボトルは、牧野博士生誕160年の記念の限定ボトルなので、今後はデザインなどが変わる予定です。材料を変えた別バージョンもゆくゆくは造りたいですね。

それにしてもいくつかの偶然が重なったりしながら、トントン拍子で話が進みました。偶然に岸屋の場所に蒸留器があったこともミラクルでしたが、ミラクルといえばもう一つ。初蒸留した時に蝶が1羽飛んできました。その時はみんなが蒸留器を見ていたんですが、

スエコザサが絶妙なスパイスとなって全体の味をまとめている。ロックでもソーダ割りでも、どんな飲み方をしても美味と評判。

誰も蝶に気づいていませんでした。でも、クラウドファンディングの報告のために動画を撮っていたんです。後から動画を観たら、蝶が舞っているのがわかったんです。その場にいた全員が、蝶が映っているのに気づきましたが、最初は誰もなんとなくそのことを言い出せませんでした。すると、動画を撮った張本人が「あの時、蝶おったよね」って言い出した。それで「やっぱりみんな気づいちょったがやね」という話になりました。

竹村社長が「あれは牧野博士が来てたんだよね」とおっしゃった。その映像はYouTubeで観ることができます。

「牧野富太郎ふるさと館」を拠点に
生まれ育った佐川町上町地区を歩く

牧野富太郎の生家の跡地に建つ「牧野富太郎ふるさと館」。付近には牧野富太郎の関連ス
ポット、そしてゆかりの植物がいっぱい。この地には今も、バイカオウレンやシハイスミレ、
ユキワリイチゲ、タニジャコウソウなどが自生しています。「牧野富太郎ふるさと館」の管理
をしている廣田さんに、近所の富太郎ゆかりの地を案内していただきました。上町地区に残る
古い街並みの中から、富太郎少年が飛び出してきそうな、さながら誌上ツアーの始まりです。

廣田智恵子

牧野先生は郷土の超有名人
胸像の前で遊んでいました

　私は佐川町立佐川小学校の出身。佐川小
学校の入り口に牧野先生の胸像があるんで
すが、そこで子どもの頃は、ずっと遊んでいま
した。
　県職員を退職して10年前から「牧野富太
郎ふるさと館」に勤めています。勤め出してか
ら植物に関心が生まれ、牧野先生にもどんど
ん親近感が湧いてきました。立派な方だなぁ
と思いますね。ちょっと、いとうせいこうさんに
似てるのではないかと思っています（笑）。一
つのことをまっすぐに追究して、破天荒。普
通の人ではないですよね。
　佐川には有名な人が多くて、青山文庫（坂

ひろた・ちえこ
1952（昭和27）年、高知県佐川町生まれ。NPO法人佐川
くろがねの会事務局長。高知県職員を定年退職後、2013
（平成25）年の「牧野富太郎ふるさと館」オープン時から
勤務している。

本龍馬・中岡慎太郎・武市瑞山らの維新関係資料や、江戸時代に佐川の領主であった土佐藩筆頭家老深尾家の資料などを展示している博物館）に蔵書と運営基金を寄附した田中光顕さんももちろん有名なんですけど、牧野先生はさらに別格。

「牧野富太郎ふるさと館」には、牧野先生が26歳の時のイケメンの写真があります。毎日、そのイケメンのお顔に「おはようございます。今日もよろしくお願いします」ってご挨拶してます（笑）。

ふるさと館は今、「NPO佐川くろがねの会」の活動拠点になっています。くろがねの会は2007（平成19）年に、竹村家住宅が国の重要文化財に指定されたことがきっかけとなり、歴史的な街並みを後世に伝え、文化財を活用して観光や産業振興を図ろうという住民の有志で結成された会です。今までは地域の街並みを案内することが主だったんですけれど、ここ数年では「牧野富太郎コース」を作って、先生の足跡を広める機会が増えてきました。おかげさまで、今はとても忙しくさせていただいています。

生家の裏庭の図を参考にして
ツバキを植えてみました

牧野先生がふるさと館の裏山の様子をハガキに描いた図が残っています。

牧野博士の生家跡地に建つ「牧野富太郎ふるさと館」には博士の遺品や直筆の手紙、原稿などが展示されている。

博士の生前の生活がよくわかる資料や持ち物を興味深げに見るいとうさん。まさにお宝だらけ。

「昭和25年、7月20日付」と書かれていて、秋沢（明）さんという方に出していますね。

そのハガキには、旧屋敷地内にツバキが2本、描かれているんです。先生は「裏庭にツバキの木があって懐かしかった」と書いているんですけど、今の裏庭にツバキはなくて、私どもで植えてみました。

昔、あったのは多分立派なツバキの木だったでしょうけれど、今植えている木は、そんなに大きくないんです。裏山の上のほうにはヤブツバキがあります。でも、先生が描いているのはヤブツバキではないんです。2本描い

上／急な階段を上らないとたどりつけない金峰神社。上まで行くと、息が上がるが、上がると美しい風景が！
下／須崎警察署佐川分署として建設され、その後、青山文庫になったレトロな洋館の佐川文庫庫舎。現在の青山文庫はすぐそばにある。

てあるので、私たちも赤い花と白い花と2種類、植えてみました。私たちは赤いツバキとずっと思っていたんです。最近昔の映像を見る機会があって知ったのですが、病床の博士の元に届けたツバキの花は白い色だったんです。

この辺りにはユキワリイチゲも毎年咲きま

す。先生はかつて、佐川に帰ってきた時にユキワリイチゲが咲いているのを見て、「昔の恋人に会ったみたいだ」と言っていたそうです。その時、ものすごく喜んだらしいですね。

上町地区のあちらこちらに
富太郎の面影が残っています

牧野少年が生まれ育った佐川町上町地区には、造り酒屋が9軒くらいあったらしいです。今は司牡丹酒造の敷地内ですが、壁に八の字型に屋根の跡がついている建物が見えます。それが、先生の生家の岸屋の「牧野蔵」があったところです。

日当たりがいいので、牧野少年はここでよく勉強していたそうです。英語の素読が聞こえてきたという話もあります。

少し先には大塚家の武家屋敷がありました。300坪の立派なお屋敷です。1881（明治14）年頃に、牧野先生は大塚家の庭を借りてガラスの温室を造りました。当時としては先進的なもので、珍しかったでしょうね。

少し先に行くと林家があります。先生の親友が住んでいたので、きっとよく遊びに行っていたのではないでしょうか。今は誰も住んでいません。おそらく門だけが当時を伝えるものだと思います。

金峰神社は少年富太郎に
思いを馳せることができる場所

金峰神社の裏階段に、手洗鉢があります。

上／「奥の土居櫻に浮かれ人出かな」の句碑。奥の土居とは、牧野公園一帯のかつての名称。明治から昭和初期、花見客で大賑わいだった。
下／一般財団法人しあわせづくり佐川地域おこし協力隊が作った博士のオリジナルポロシャツ。いとうさんは即決で購入していた。

1777（安永6）年くらいのもので、安永と書いてあります。縁に窪みがあるんですけど、これは子どもたちが遊んだ跡です。高知県には5色の石があるんですが、その赤い石をここで削ってその赤を葉の裏に付けて遊んだということです。ただそれだけなんですけど（笑）。でも相当掘られていますので、当時の子どもたちは、何度も何度も遊んだんでしょうね。

金峰神社の石段の石には、水色の石があります。チャートというこの辺りの山でたくさん取れる堆積岩で、太平洋の真ん中でできたものがここの上まで運ばれてきているんですよ。すごくロマンがありますね。

石段から下を見ていただくと、バイカオウレンがいっぱいです。昔のまま、ずっと自生し続けてきたのではないでしょうか。先生は、セントウソウが好きだったみたいだけれど、今では「牧野富太郎といえばバイカオウレン」となりましたね。この辺りには、シハイスミレも咲いています。

階段を上ると、お社があります。当時とは変わってしまいましたが、ここにある大きなシイの木はきっと先生も見ていた木だと思います。シイの実もたくさん拾ったでしょうね。

鳥を捕る仕掛けで「こぼて」というものがあるんですが、牧野少年はそれで小鳥を捕っていたみたいですね。小鳥が中に入ったら仕掛けが跳ね上がって出られなくなるものです。捕まえたら食べるんです（笑）。かかったかどうかを見るのが楽しみで、この山に登ったのではないでしょうか。

金峰神社の表階段を下りてくると牧野先生の句碑があります。93歳の時、牧野公園に桜を贈った際の句で、「奥の土居櫻に浮かれ人出かな」と書かれています。その時の桜はもう残ってはいないみたいですけどね。ソメイヨシノの寿命は長くて80年くらいですから。

皆さんもぜひ佐川を歩いてみてくださいね。

朝井まかて

牧野富太郎を描ききった長編小説『ボタニカ』の著者、作家の朝井まかてさんが、誰にも負けない植物愛と「なんとかなるろう！」精神で人生を駆け抜けた夫を支え続ける壽衛さんにインタビューを試みた！牧野博士を「牧ちゃん」と呼んでいた壽衛さんから見る牧野博士はどんな人だったのか？　朝井さんにしか書けない壽衛さんの心の内を、いまここに。

©Norihisa HARADA

　わたしにインタビュウなさりたいのですか？

　主人ではなく？　まあ、どうしましょう。主人は土佐人らしい能弁と申しましょうか、訊かれていないことも喋って止まらなくなるんですけれど、わたしは大したお話などできません。ごく当たり前の主婦ですから、とてもとても。

　あら、写真もお撮りになるのかしら。それはご勘弁を願います。主人は写真写りがよくって撮られるのが大好きですけれども。澄ましたりおどけたりしてね。それを家族に披露して説明をしてくれますから、わたしたちも日本じゅうを旅した気分になれるんです。あの山、この川、あの巨木、一茎の草。満面に笑みを広げて話しかける姿をそばで見ている、そんな心持ちです。

　でもわたしときたら、ほら、ことあるごとに出ちゃうあの写真。あれを目にするたび、顔が長くって、くたびれたおばあさんだなあって、がっくりきちゃって。若い時分は、ええ、誰だって若い頃はきれいなものですけれど、面高の瓜実顔で目許が涼しいね、なんて褒められることもあったんですよ。まさか学者の妻になるなんて思いも寄らない、遠い昔のことですけれど。

本来なら、出会うはずのないひとでした。土佐の素封家の跡取りと、三番町の娘ですもの。それが牧ちゃんときたら、植物の本を出版したい一心で石版印刷まで習って。それが縁で知り合ったのですから、あのひとの猛進をわたしが止められるはずもないのです。

　二人とも若かった。わたしはまだ少女といえる歳頃で、牧ちゃんは若木のような青年でした。とてもハンサムでね。いざ喋れば訛っていて頭も寝癖だらけの書生さんでしたけれど、学問の話をする時は目が輝くんです。

　生きているこの世界をこの手で摑みたい、明らかにしたい。

　若い時は誰しもそんな志を持っているものですけれど、それを貫けるひとがいかほどおりましょうか。童心のままなんですね。だから出世や地位や名誉なんぞに見向きもしないで、命じられたことはおいそれとやらず、思い立ったら一木一草のためにどこへでも自費で出かけてしまう。そんなだから、わたしも若い頃は牧ちゃんに頼りきりだったのに、いつのまにやら鍛えられちゃって。

　ここからは内緒ですよ、書かないでくださいましよ。いざ借金取りや差し押さえの応対となると自分は書斎に引き籠って、首をすっこめてるの。いつも「なんとかなるろう」と笑いますけれど、あれは「壽衛、よきにはからえ」なのですよ（笑）。わたしには帰る実家があるわけでなし、踏ん張るしかありませんでした。世間では苦労ばかりして気の毒だなんて同情してくださる向きもあるそうですけれど、大きな道楽息子を抱えているようなものです。

　子沢山で、毎日が無我夢中でしたね。植物標本を作るのも一家総出ですよ。なにしろ本人は方々を飛び回って、山のような荷だけが届くんですもの。子供たちにも手伝わせて、家じゅうに標本紙を吊るすんです。梅雨どきなんて湿気で黴ちゃいますから火鉢で火を熾して、団扇であおいで乾かして。うちの家、お煎餅屋さんみたいだねって、汗を拭き拭き笑ったものです。わたしこそが信じていたのかもしれません。なんとかなるろう、って。

　　──草木の精

　まあ、あの人が自分で申したんですか。しょってる（笑）。そういうところ、あるんです。ロマンチストで自信家。

　もちろん、落胆も挫折もありました。絶望も。それはなんとなく察することでしたけれど、いつでしたか、夜通し文机に向かって、そのまま仰向けに倒れたみたいに寝ていた朝がありました。ふと見ますとね、目尻から耳に

壽衛さんのポートレート。

写真提供：高知県立牧野植物園

かけて一筋のあとが残っていて。よほど口惜しかったのだと思います。でもいつも、誰かが手をさしのべてくださるんです。それはもう不思議なほどで。みなさん、ひょっとしたら夢を託すような気持ちがおありになったのかもしれませんね。自身は世間に折り合いをつけて生きているが、あの男は傷だらけになっても幼い頃の志のままに道を突き進んでいる。しかも楽しそうに。どうか、そのまま生き抜いてみせてくれって。

　実際、どんな苦境にあっても採集に出る時はけろり、愉快でたまらない顔をして颯爽と出立します。わたしは幾度、「行ってらっしゃい」と送り出してきたのかしら。はい、今もこの大泉の家の玄関先で手を振っています。あのひとの背中に。

　そういえば、「幸い」と申しますでしょう。あれは万葉言葉の「さきはひ」、花が咲いて溢れんばかりのさまを表す言葉なのだと牧ちゃんから教えられたことがあります。日本人にとって、幸福は自然そのものなんですね。
今日もたくさんの種（ボタニカ）が若芽を伸ばしていますよ。ほら。

あさい・まかて
1959（昭和34）年、大阪府生まれ。2008年『実さえ花さえ』（のち『花競べ』に改題）で第3回小説現代長編新人賞奨励賞を受賞してデビュー。2014年『恋歌』で第150回直木賞、『阿蘭陀西鶴』で第31回織田作之助賞、2015年『すかたん』で第3回大阪ほんま本大賞、2016年『眩』で第22回中山義秀文学賞、2017年『福袋』で第11回舟橋聖一文学賞、2018年『雲上雲下』で第13回中央公論文芸賞、『悪玉伝』で司馬遼太郎賞、2018年に大阪文化賞、2020年『グッドバイ』で第11回親鸞賞、2021年『類』で第71回芸術選奨と第34回柴田錬三郎賞を受賞。他の著作に『落陽』『白光』など。2022年1月に牧野富太郎の波乱の人生を描いた『ボタニカ』を上梓。

『ボタニカ』（祥伝社）
四六判　定価：本体1800円＋税　978-4-396-63617-3

Life is a Flower
Ikue Osada × Seiko Ito

4

長田育恵

×

いとうせいこう

牧野博士の「らんまん人生」
を語り尽くそう

牧野富太郎博士を主人公のモデルにした『らんまん』が、NHK2023年度前期の連続テレビ小説に決定した。その脚本を担当しているのが、長田育恵さんだ。なぜ長田さんは牧野博士をモデルに選んだのか？　ストーリーはどのように展開していくのか？　「好き」に一途な人の強みとは？　能を媒介につながる長田さんといとうさんが、牧野博士の魅力を熱く語る対談が実現した（この対談後、いとうさんが「里中芳生」役でドラマ出演が決定！）。

高年の満面の笑みの写真からコンセプトが生まれました（長田）

いとう　宝生流宗家の宝生和英くんの「夜能」っていう、能を現代語訳して声優の人が読んで、実際に能もやる企画があって、長田さんは僕より先にその企画に参加している「先輩」だよね。

長田　「夜能」は、もう4作ぐらいやっています。能の物語の魅力と登場人物の心情を観客にわかりやすく伝えるように参加しています。物語と一緒に、そこで生きている人の感情が今でも伝わってくるところが、とても楽しくて。

いとう　僕の場合は心情というより、台本に動きのト書きがないから、「誰々は前に出てみると」みたいな感じで、解説を付け加えている。別々のやり方だよね。長田さんとはアプローチが違うけど、だから面白いっていう感じがあって、それで「夜能」についてある媒体で対談をすることになった。でも、コロナだったんで、直接会うことはできず。

長田　オンラインでの対談でしたね。

いとう　実は今日、初めて会うんだよね。二つの縁がようやく重なって「やっぱり僕は長田さんと会うんだ！」って、今日は本当にそういう感じです。僕は17年前に「PLANTED（プランテッド）」っていう雑誌の取材で牧野植物園に行って、牧野富太郎が大好きになっちゃってさ。その後もいろいろと植物園のイベントに呼んで

もらったりしているんだけど。長田さんはなぜ、牧野富太郎を描こうと思ったの？

長田　私の場合は本当に運が良くて、コロナ禍で自分の劇団が上演中止になったタイミングでテレビドラマのシナリオの仕事をいただくようになったんです。NHKで4作ほどドラマを書かせていただいた後、「朝ドラ」の脚本のお話をいただきました。テレビドラマの脚本家としては、まだ私は駆け出しではあるんですけど。「何かやりたいことはありますか？」とNHKの方から聞かれたのですが、最初は「朝ドラ」の話で呼ばれたなんて、夢にも思っていなかったんです。

いとう　そういう感じだったんですね。

長田　「朝ドラ」と言われたその瞬間に、10年以上前、舞台美術家の杉山至さんに「いつか長田さんは牧野富太郎を書くといいよ」って言われたことが頭をよぎったんです。

いとう　杉山さん、すごいね。牧野さんは生きている時は大人気だったけど、亡くなって以降に、そんなにすぐに牧野の名前を思い出す人なんて、なかなかいないよ。

長田　その頃、私は演劇で評伝劇を連続して書いていました。最初に書いたのが江戸川乱歩で、その後に宮本常一という民俗学者を書いていたので、その流れで杉山さんが牧野の名前を言ってくれたんです。それまで私は、牧野富太郎のことは知らなくて、その時は「牧野富太郎って、植物学者の方か」って思うだけでした。でも、牧野富太郎を調べてみたら、高年の植物を首にかけて満面の笑みで写っている写真を見つけて、それがとて

いとうさんが2006～2008年に編集長を務めた雑誌「PLANTED」。#2で高知県立牧野植物園を訪ね、編集長は牧野博士の魅力に一気にとりつかれた。

「PLANTED#2」の特集の扉の誌面。デザインを担当したのは服部一成氏。おしゃれな書き文字のタイトルが目を引く。植物園の魅力を最大限に引き出し、読者にも好評だった。

牧野博士がなんと牧野植物園の館内で「PLANTED#1」の表紙でぬり絵をしてくださった！　今もなおスタッフ内で語り継がれる、永遠に忘れることのできない歓喜のシーン。

この写真を見て長田さんは牧野博士をドラマのモデルにしようと決めた。

も印象的だったので、牧野富太郎をモデルとするのであれば、「あの笑顔に向かって書いていけばいいのか」とひらめいたんです。「これはきっと明るく前に向かう話になるだろう」と考えたんですよね。NHKの方に「牧野富太郎がモデルの"お仕事もの"ですか？」って聞かれたんですけど、「お仕事もののドラマ」として捉えると、博士が大学を追放されるところがハイライトで、そこで話が終わってしまうんです。

いとう　ああ、そうだね。

長田　だから、彼の立身出世を書くというよりも、もういっそコンセプトを変えて、「牧野富太郎という名前の広場にたくさんの人が集まってきては通り過ぎていく、出会いの連続を描く形にしよう」と考えました。牧野がいろいろな植物と出会いを重ねていく姿を、人間にも応用して、たくさんの出会いが彼の人生を彩っているような見え方にしたいと思っています。牧野の植物図鑑が出来上がるのと同様に、牧野富太郎の高年のあの笑顔に至ったたくさんの出会いが、最終的には図鑑のように見渡せるというコンセプトです。

いとう　いいね。そうすれば時代も描ける。

長田　あれほど多くの標本を、戦時中に空襲がある中でも焼けないように守って、次の世代の人がそれをちゃんと「植物標本」として使える形にして後世に託す周囲の方たち

の姿も素敵ですし、まるで植物が種を残して次の命に変わって、広がっていくみたいなイメージになぞらえることができますし。

いとう　なるほどなあ。

長田　やっぱり、そもそも植物ってその光に向かって伸びる習性があるので、牧野も植物が好きってことはもう前提として光に向かって伸びる人なのだと思いますし。

いとう　お日様が大好きだしね。

長田　それは信じつつ、ただ小学校中退で東大に出入りを許されたという点も、あの時代だったからこそ突破できたことではありますよね。現在、それをやるとなると、当然東大に行きたくても行けなかった人はたくさんいるし、そもそも受験戦争とも全く違うので、そのまま無邪気に書こうとするとなかなか共感が得られにくい。ラッキーな人がただラッキーに突き進んでいくだけの話になってしまうので、もうちょっと共感を得られやすい人物にはしています。例えば、幼少期に体が弱かったっていうところも、もう徹底的に弱くさせてもらったり……とか。

いとう　（笑）

長田　自分はとても弱く生まれてしまったのに、大きな造り酒屋の跡取り息子だから大事にされて、親族にもっと丈夫ないい年頃の男の人がいて、そっちが跡を取ればいいじゃないかっていうような言われ方をしているシー

ンなども描きました。弱く生まれついた万太
郎（牧野博士の役名）くんが、それでも自分
が見つけた植物が好きという思いを大事に
ちゃんと持ち続けていけるように、例えば最
初に学んだ佐川の名教館という郷校でも、い
い先生に出会えたり……とか、小さな双葉が
お日様に恵まれて育っていくように書いてい
るんです。

いとう　基本的に嫌なことがないっていうこ
となんですね。明るい話として行きたい。

長田　やがては挫折にぶち当たるのですが、
実際の富太郎さんもよく苦境に陥って、それ
でも助ける人が現れて……。

いとう　そうなんだよね。運がいいっていう
か、本人もあんまり落ち込んでいるように見
えない。

長田　普通だったら恩を受けたら、それが一
つ楔になるような気がするんですけど、富太
郎さんはそれを楔と思わないスケールの大き
な人だと思います。私がもし彼のそばにいた
ら「富太郎さん、もうやめてください」とか「ま
た尻拭いさせられて」みたいなことを言うと
思うんですけど。

いとう　確かにね。だからもう本当に壽衛さ
んはよく我慢していたなと思う。でも壽衛さん
が牧野博士のことを「牧ちゃん」と呼んでい
たっていうのを聞くと、まさに向日性の明るさ
がどうしようもなくあったっていうことしか考
えられないよね、この人物。

長田　あと、自分が好きを貫いているってこ
とは、周りの人が好きなことをやっていても
容認するんじゃないかと思ったんです。だか
ら壽衛さんのキャラクターも、旦那さんが好
きなことに邁進する横で、ひたすら借金の手
配をして、ひたすら出産して、子育てをして
……だと、ちょっとあまりにも今の世の中だと
見ていられないので。

いとう　本当だよね。

長田　壽衛さんも、借金を返して自分の家
を手に入れるために、「待合」を経営して売
り抜いたり、とてもスケールが大きな方なの
で。

いとう　そうそう、壽衛さんはとにかく、発想
がでかいんだよね。

長田　旦那さんが好きなことを勝手にやっ
ているんだから、私も好きなことをやらせても
らうっていう、いい意味でオタクなスタンス
の二人にしたいなと。

いとう　なるほどね。いいね。

長田　あんまり「支え続けます」っていう妻には、描かないようには気をつけようと思っています。

いとう　なるほどね。ところで、最初に「主人公のモデルを牧野富太郎にしましょう」って言われた時には、長田さんはそこまでは考えてないわけじゃないですか？　どこから考え始めていったんですか？　最後の笑顔に向かって書いていこうっていうのは、あるとして。

長田　植物と人間を結びつけるということが、このドラマにおける出発点です。例えば、バイカオウレンはお母さんと結びついています。少年期の彼がバイカオウレンを目にして、これはお母さんが好きだった花なんだけど、なんという花なのかを知りたいと思う。そこを出発点にして、「次々に植物との出会いが人との出会いにつながっていく」と解釈しています。あとは「植物が好き」ということが、平面的に捉えられないようにしたいです。植物はその時期にその場所にしか生えていないから、そこに足を運んで会いに行かなきゃいけない。植物と出会うということは当たり前のことではなくて、その辺に咲いているものも、風の具合でたまたま種が飛んできたから咲いているのかもしれない。

いとう　奇跡的だよね。

長田　珍しいものがあれば、出会うためにあらゆる苦難を踏破してそこに行かなきゃいけない。だから出会うことの積み重ねなんですよね。植物好きっていうと、どこかのんびりと平穏なイメージで捉えられがちですけれど、

そうではなく、本来は積極的に出会いにこちらから行くことを繰り返すことだったんです。

いとう　牧野は採集していくわけだからね、実際に。

長田　今、コロナで、人と会うことがなかなかできないけど、「会う」という一番アナログなところに立ち返るっていうことは、シンプルだけど強いメッセージかなって思います。それにしても、牧野さんはラッキーですよね。「東大で研究させてください」って頼んでみたところで、普通は「いや、君、小学校中退だから」って言われて終わりで、あり得ないんだけど、ただ、たまたまそこの教授が海外で留学してきた方であったり、たまたま今標本が欲しいとか、たまたま四国で採集が行われていないとか、いろんなことが積み重なっ

「植物採集とはこういうことか」というところから学ぶんです（長田）

て「来てもいいよ」となった。

いとう 「この人ー！」ってなるよね（爆笑）。

長田 ギブアンドテイクじゃないけど、そういう恩恵を受けたら恩恵を返すっていう普通の思考回路があるんですけど。

いとう まあ、そうだよね。

長田 別にそういうこととか考えないほど一直線にしか見てない。

いとう よし、じゃあ俺の図鑑を作ろうって思っちゃうからね（笑）。

長田 だから、本当に周りの人たちの気持ちもめちゃくちゃわかるし、「お前ー！」ってことでもあるし（笑）。

いとう 自分の好きなことだけやって、人の言うことを聞かない。でも、嘘がないからなんかあんまり責めきれないみたいな。

長田 ドラマで描く時は、本当に1回ごとのさじ加減をどうするか、それぞれの心理を大切にしたいと思っています。

いとう 1週が5日間か。5回に分けてどこにクライマックスを持っていって、そして毎回、それをしかもリズムを変えて書いていかなきゃいけないでしょ。すごいことしてますね、長田さん。

長田 綱渡りすぎて明日の自分が何を書くかもうわからないっていう。でも、植物監修をしてくださっている田中（伸幸）先生（54ページ参照）と、あとNHKのスタッフでプロデューサーから「今日から君は植物博士になりなさい」って言われて「わかりました。なります」って答えた方が担当でいてくださって、田中先生と二人三脚でひたすら私を支えてくださっています。今はさらに植物監修チームが拡大していますが、例えば、顕微鏡でなんの植物を見せてもらうのがいいのか、私にはわからなかったりするんですけど、顕微鏡で何かを見るって脚本に書くと、田中先生が「じゃ、ドラマではこの植物を見ることにしましょう」って決めてくださいますし。

いとう 田中先生、さすがだね。

長田 それが実は、田中先生が植物採集と標本作成の実習を、私とスタッフのために催してくださったんです。

いとう 実習をやったんだ！

長田 ディレクターとプロデューサー以外に、美術チームの若い人たちまで全員参加して、遠足に行って。

いとう すごく楽しいね。

長田 みんなで植物を採って、胴乱に入れて、「植物採集とはこういうことか」というところから、最初から学ぶんです。

いとう 嘘がない絵にしてるんだ、すごいね。

長田 神木（隆之介）さんも、田中先生に植物採集に連れて行ってもらったみたいで。

いとう みんなもう田中先生の弟子になっちゃってるんだ。素晴らしいですね。そういう

山城の比叡山にて採集会の会員たちにウバユリについて解説する牧野博士。1919（大正8）年夏の写真。写真は個人蔵。

ふうに一つ一つディテールを積み上げると、物語って思ってもみなかったものが出てくるわけじゃないですか。長田さんはいつも、評伝を書く時はそういうやり方なの？

長田　はい。必ず縁のある地には自分で足を運んで、その人物が肉眼で見たであろう景色を自分も見てみるところから始めます。そうすると、演劇の場合は、上演時間が多くても2時間半とか3時間と決まっているのですが、自分が体重をのせて書きたい部分はここだっていうのが見つかります。これまで、江戸川乱歩、金子みすゞ、宮沢賢治、宮本常一などを評伝で扱ってきましたが、時代の変わる時期に時代と抗いながら何かをしようとし

た人たちです。この人たちが苦闘して吐き出す言葉が、今、客席にいる自分にも響くだろうという予感があって。生身の人間がその体重をかけて演じてくれることの強さが、演劇ではやっぱり一番の魅力です。その生身の生き様を見ていると、やっぱり観客もその人間と出会った感じがするんです。

いとう　なるほどなあ。

長田　宮本常一の場合はNHKの大河ドラマ『青天を衝け』で取り上げられた渋沢栄一さんのお孫さんの渋沢敬三さんとタッグを組んで、第二次世界大戦突入前から日本の敗戦を予期して、「焼け野原になった日本がもう一度やり直すために今のうちに現状

を書き留めておく」という使命を帯びて、日本中を歩いて取材しました。戦後の食糧難には、今度はこれまで訪れた農民たちのところを回って、食べられるものがあったら出してくれと言って、大阪の食料調達の手助けをしたり……。民間の力を草の根的に結集させたのが、すごく面白い。渋沢敬三の私邸に造られた私設の民俗学研究所でアチック・ミューゼアムというのがあって、そこにたくさんの有望な、それこそ高学歴の研究者たちが集められていたのに、最も農民に近い宮本常一がそういう密命を託された。演劇では、このエリートの人たちは植民地の満州などに送られて、民俗学がそうやって戦争利用されていく様を書き、一方で、常一を通して人と人とのネットワークの力で「もう1回やり直す」という対比を書きました。

いとう　その流れで「牧野富太郎を書くといいよ」って、杉山さんに言われるわけだよね。

長田　杉山さんは、平田オリザさんの美術をされている方で、私の劇団でもずっと美術をお願いしてきたんです。私も実は、牧野さんみたいに出会いに恵まれているんです。杉山さんと出会ったのは、自分が劇団を旗揚げしようと思って、全然、仲間もいない状態で1年後に旗揚げ公演をするってことだけを決めて、劇場を借りに行った時です。契約して劇場の人に「本当に仲間が誰もいなくて大丈

夫？」って聞かれて（笑）、「ちょうど今、よその劇団が上演中で上演後にお茶会をするって言っているから、参加してみたら」って言われて、参加してみたら、その舞台美術を担当しておられたのが杉山さんだったんです。美術が素敵だったので、台本を渡して「来年、私、旗揚げ公演するんですけど、美術を担当していただけませんか」って声をかけました。

いとう　すごいね、その場で。

長田　それが最初のご縁で。でも、「牧野をやってみたら」って言われたことも、実は人の口を介して与えられたものの常で、その人は私に言ったことを忘れてたんですよ。

いとう　それはパターンだよね。

長田　でも何かのタイミングで、何かが働いてそれを渡してくれて、やっぱりいつか牧野のことを書くんだなと思っていました。

いとう　思ってたの？

長田　渡されたものはいつか書くんだと思います。「これは今だ」って思って。その時は、「でも、どうやって舞台にするの？　これ？」って、そのまま心の引き出しにしまっちゃったんですけど。

いとう　面白いね、でもそういうもんだよね。たいていのことは。なるべくしてなっていることがわかる時があるよね。

長田　牧野富太郎は大学にいる時はその植

牧野博士は日本全国で植物採集を行い、多くの植物愛好家に慕われ、愛された。写真は東京都清瀬市の森でのひとこま。
1955（昭和30）年7月10日撮影

物の名を付けるとか、自分の名前を植物に入れるっていう野心にちょっと突き動かされたところがあったと思うんですけど、でも一番の本当の願いは「ただこの植物が知りたくて植物を愛する」っていう気持ちを当たり前に表したいというところがあったと思うんです。大学から追放されて、初めてやっとそこに帰れるってところがあると思うんですよね。そこから多くの人たちに植物が身近にあることを感じさせる活動を始めて、その延長線上で植物好きの日本中の人たちと同士として会う地平に行き着く。天皇でさえも仲間の一人として。

いとう　確かにね。後半の大学を辞めた後の牧野さんは「牧野植物同好会」を開催して、全国を歩き回って何十人も連れて、採集をし続けて、その行脚ですごい人気になっているんだよね。その部分って、あんまり本などでは描かれていなくて。でもあれって、言ってみたら、ライブをしに行ってるようなもんじゃない？　あそこ、すごいんだよね。どこに行ってもたくさんの人が集まるっていうそんな学者も、前代未聞だと思うんですよね。

長田　そうなんですよね。ドラマでは、現時点では、エンディングがどこかっていうのは決めずにいて。

いとう　まだ、決めてないんだ！　それはスリリング！　最後はどうなるんだろうなって、

長田さん自身が楽しみとして取ってあるってことだよね。まさにライブだね、すごい！

長田　どこまで書くか、どんな終わり方をするかはまだあえて決めていないです。最初の頃は、全部の植物を自分で調べてやっていたんです。演劇だったらそういうのが一番楽しい時間でもあるんですけど、でも、植物の調達が本当に難しい。今は、先ほどお話しした植物担当になったスタッフが、前もって田中先生と話し合ってくれていて、「この植物なら時期的にいけます」と狙いをつけてくれたものを書いています。

いとう　それはつまり、ロケのためにってこと？

長田　撮影のために「植物の採取が完了して模型を作りました」というところまで、ですね。

いとう　植物を模型にしているんだ。だって、どうしようもないよね。もう3日ずれたら駄目っていうことが花はいくらでもあるわけだから、無理だよね。全く今までのドラマの困難と違うところがあるんですね。

長田　今までのドラマと全く違う困難を、みんなが味わっているんだと思います。スタッフの皆さん、本当にモチベーションが高くて。

いとう　面白いんだろうね。それが。やったことないから。

長田　植物担当のスタッフの方も植物にめちゃくちゃ詳しくなっちゃって。ムジナモを自分で育てていらっしゃるんです。

いとう　あはは！

長田　いえ、本当なんです。で、育てているうちに、なんとムジナモの花が咲いたんです。

いとう　あはは！　牧野を世界的にしたあのムジナモが。

長田　自分で育て自分で花が咲いたので、「これで模型が作れます」って。

いとう　そっちなんだ。花が咲いた喜びじゃないんだ。全部見て確認しました、と。

長田　その方は、打ち合わせにムジナモの入った瓶を持ってきてくださって。マリモのように、瓶でずっとムジナモを育て続けているんです。

いとう　それは面白いなあ。そっちの話がまた別にできそうなぐらい面白いね。

長田　NHKの美術部のスタッフの方たちも、やっぱり牧野富太郎っていうのはキャラクターが秀逸なので、美術とか衣装とかデザイン画を見せてもらったんですけど、それ

はもうかわいくてかわいくて。

いとう　博士はおしゃれな人だからね。

長田　ドラマのスタッフさんは、みんなすごくモチベーションが高いですね。

いとう　乗ってるからこそ、模型の話なんか出るんだよな。なんとか植物の模型を作ろう、だなんて、すごい考えだもん。

長田　「撮影時にベストなものを」ということが、私が考えているよりも難しい。

いとう　しかも「趣味の園芸」を始め、植物に関するあらゆるネットワークを一番持っているテレビ局がそれを言うってことが、素晴らしい。

長田　牧野富太郎の「最後のよりどころ」となるのが、植物とか「植物が好き」って感情だったりします。植物は絶対に太陽に向かっているし、暗い方向に行きようがないというか。きれいごとではなく、植物が嫌いな人ってそうそういないような気がしているんです。それは現代でも、戦争が実際に起こっていますが、国家の目が届かないような端っこの戦線で、故郷の花を見ている兵士がいて、自分が敵国の兵士だったとして、その人を撃てるかって言われたら……。例えば気候が似ていたら、彼が見ている花は自分の家の庭にも生えていたかもしれないから、撃てないと思うんですよね。国家の目があって彼を撃たなきゃ自分が撃たれるとか、そういうシチュエーションだったら、別かもしれないですけど。植物は気候とかで根づく場所が決まっているから、土地と結びついていて、その土地の記憶とも結びついている。その花を見た時に思い出されるのが、自分のバックボーンに根づいたものだったりするから、いろいろな糸口があると思っています。ささやかすぎて、普段は忘れているのに、不意にそれを見ただけでよみがえったり……。私、牧野記念庭園に取材で行った時、ジュズダマという草が生えているのを見て、急に子どもの頃、あれで遊んだことがあるって思い出したんですね。

練馬区立牧野記念庭園にあるプレート。牧野博士の座右の銘が自筆で書かれている。

スエコザサに囲まれた練馬区立牧野記念庭園に鎮座する牧野博士の銅像。

いとう　なるほど、そうか。植物でよみがえっちゃうんだもんね。昔の記憶が。

長田　それまでジュズダマのことなんて一度たりとも思い出したことなかったのに、初めて思い出せました。だけど今はコロナで、外で草をおもちゃにする遊びも減ってきてしまって。私は、ジュズダマと出会ったことがあったけど、そういう経験も失われていくかもしれないと思って。だから、ドラマの中でだけでも……。

いとう　出しておきたい。

長田　はい。何気ない草花を出すことが難しいっていうのは、撮影の現状としてはあるんですけど、理想としては、なんでもない草花ほど出しておきたいというのはありますね。

いとう　わかりやすいヒマワリとかじゃなくてね。

長田　ツユクサとか。

いとう　ツユクサを見ると、季節がすぐわかるもんね。ああいうものは不思議ですよね。すり潰して染色の材料にしたりするもんね。

長田　見ている人の記憶と、ふっと結びつくようなドラマを作りたいです。

いとう　それは素晴らしい。なるべくそれがうまくいくことを願っています。

長田　ありがとうございます。それとは別に、牧野さんが発見して世界的に有名になったムジナモとか、たくさんの植物を視聴者の皆さんが知る機会になればうれしいですね。

いとう　博士はムジナモの小さな動きをよくあんな植物図にしたよね。異常な目の良さ。「牧野さんの目は16K」って俺は言っている

んだけど、視力がすごいんだよね。

長田　あの植物画は本当にすごいです。各種類、各種類の最もその個体らしい個体を選び抜いて、それを描くというのを見た時に、図鑑もないのに、最もその個体らしい個体を見抜く目を養うまでにどれぐらい見てきたんだろうと驚きました。

いとう　そうなんだよ。それが、花が咲く瞬間なのか？　咲いて少しした時のほうが特徴的なのか？　ということをわかってなきゃいけないでしょ。しかも誰にも習ってないのに、なんであんなに絵が上手なのか。しかも筆だよ！　驚くんですよね。

長田　例えば、絵にいい加減なところがあったり、その個体がその種を代表していなかったとしても、誰もわからないじゃないですか。自分が、許せないだけなんですよね。自分とその植物に対して嘘がつけない、いい加減な仕事は絶対できないっていう信念。

いとう　なんのためだ？　っていうところが、すごく不思議だもんね。植物の精っていうと植物より上みたいに思うけど、そんなことなくて、この精のエネルギーで植物があるみたいな、だから植物のためには嘘がつけない。「植物のために」って思っているようなところがあるよね。不思議な人が生まれたよね。「突然変異」だもんね。博士は本当にそういう人ですよね。

長田　牧野さんがうらやましいと思ったんです。やっぱりコロナになって1年目ぐらいで、「朝ドラ」のモデルに牧野さんというお名前を出した時も、あそこまで何かを好きになれて一途に生きられるって、なんてうらやましいだろうって思って出したんです。今の時代、私たちはたくさんのコンテンツに出会うことができるけど、何か真剣に一つのことをそこまで好きになれるってこと自体が少なくなっているかもしれないし、飽きたら次に行っちゃうし、それだけ好きなものに出会えるっていうことの幸せに圧倒されました。

いとう　1回も植物から離れた時がないもんね、この人の場合。映画監督で「映画を離れて2年放浪してました」とか、そういうことは普通にあるけどね、どんな人でも。でも、一切ない。ずっと好きなんだよ。ずっと追っかけてるの。

長田　アップダウンがないんです。

いとう　それがあってくれれば盛り上がるんだけど、何にもない（笑）。博士の都々逸みたいなものも、お色気の話以外は全部植物の話だから。そればっかり考えているんですよね。みんなで植物を見に行って、それで宴会に行って、自分は酒を飲まないのに、めちゃ盛り上がって、面白い都々逸を歌って、絶対みんなを笑わせていたとしか思えないわけ。だからその毎日毎日、そういう日々なんです

フォトジェニックな牧野博士。この時、すでに御年89歳。1951（昭和26）年に撮影。

よ。この人は毎日がライブ。面白いよね。確かにうらやましいですね。だから長田さんの書くドラマを見て、少しでもいいから「好きなものをもっと好きにならなきゃいけない」ってことがわかるといいよね。これ、自分にも言っているんだけど。

長田 好きって感情だけで一点突破し続けていく。でも一点突破できるんだなと思って。

いとう 「普通はそんなことないんだよ」って親が教えてしまいそうなもんだけど、「好きならいいんだよ」って言ってあげられるといいですね。

長田 出会いにもすごく恵まれていると思うんですけどね。小学校中退でも、例えば小学校で出会った植物画が好きだから、作った博物局の先生のところにまず行く。博物局の先生に東大への紹介状を書いてもらって、正道をまっすぐに行ってるんですよ。だから正道をまっすぐ歩く人は、正道にいる人と会うんだと思って。まっすぐは強い。

いとう 最短距離を行くと前に最短距離を行っている人がいるってことだね。その人に話しかけると、さらに最短距離を行けるっていう。シンプルだね、実は。

長田 ドラマなので本当にいろんな出会いをちりばめてはいるんですけど、ただ、視聴者が見た時には「こんなラッキーあり得る?」って思うかもしれない。でも、やっぱり本当に好きだとその好きに対して誠実だからこそ最短で行きたいってことなんです。

いとう 「こんなうまく行くのか?」っていうところが爽快だっていうふうになればいいです

よね。そういうことって普通の人たちの中にないから鬱々としてるけど。でも、うまく行く時は行くんだよって言ってあげられれば、頑張れるんじゃないのかな。博士みたいな、こんなかっこいいおじいさんになって、僕も死にたいもんです。これからのドラマ制作を後ろのほうから見ておりますので、長田さんは「一人じゃない」と思って頑張ってください。私たち、植物の精がついていますから。

（2022年8月19日／東京都千代田区の毎日新聞社にて対談）

長田育恵（おさだ・いくえ）
東京都生まれ。早稲田大学第一文学部文芸専修卒。2007年に日本劇作家協会・戯曲セミナーに参加し、翌年より井上ひさし氏に師事。09年、劇団「てがみ座」を旗揚げ。15年、てがみ座『地を渡る舟』にて第70回文化庁芸術祭賞演劇部門新人賞。16年にグループ・ばる『蜜柑とユウウツ‐茨木のり子異聞‐』にて鶴屋南北戯曲賞、18年に劇団青年座『砂塵のニケ』、てがみ座『海越えの花たち』、PARCO PRODUCE『豊饒の海』にて紀伊國屋演劇賞個人賞、20年に世田谷パブリックシアター『現代能楽集Ⅹ『幸福論』～能「道成寺」「隅田川」より～』にて読売演劇大賞選考委員特別賞を受賞。近年は、PARCO PRODUCE『ゲルニカ』、劇団四季ミュージカル『ロボット・イン・ザ・ガーデン』などの舞台公演のほか、NHK『マンゴーの樹の下で』『すぐ死ぬんだから』『流行感冒』『旅屋おかえり』のテレビドラマの脚本も執筆し活動の場を広げている。

A Worker's Guide
to The Kochi Prefectural
Makino Botanical Garden

5

われらの
牧野植物園
ガイド

ようこそ
「草木の精」の楽園へ

　JR高知駅から観光周遊バス「MY遊バス」で約30分。行基（668-749）が名付けたという五台山に高知県立牧野植物園はある。植物が豊富な昔からの景勝地である五台山は、牧野が生前、「植物園を造るなら五台山がええ」と言っていた場所だ。

「植栽で博士を顕彰し、土地のものを集めて、県外や他国の人に見せる」。5代目の山脇哲臣園長はこの言葉を掲げ、できるだけ自然の状態の姿になるよう忠実に植栽をすることにした。今でも業者に頼ることなくスタッフの手で園地を造り、なるべく種子から植物を育てるということが続けられている。

　1958（昭和33）年の開園以来、段階的に拡張・進化しており、国内有数の植物園として、保存・研究・教育普及をすると共に、山脇園長の言葉通り国内外から多くの来場者が集まる、市民憩いの場となっている。

INFO

高知県高知市五台山4200-6
電話：088-882-2601
開園時間：9:00〜17:00（最終入園16:30）
休園日：年末年始　12/27〜1/1
メンテナンス休園　年に数日
入園料：一般730円（高校生以下無料）
団体630円（20名以上）
年間入園券2930円（1年間有効のフリーパス）

知ってほしい！ が溢れる
詳細すぎるネームプレート

　正門から本館までの牧野植物園の「顔」と
もいえるエリアは「土佐の植物生態園」。ここ
では牧野富太郎を育んだ豊かな土佐の植物
を自然な形で見ることができる。「自然な形」
と簡単に言ってしまったが、自然に見せるた
めに実はスタッフは並々ならぬ苦労をしてい
る。自然風に樹木の剪定をし、自然風に小川
の掃除をしているのだ。そして、それは園地
の全てのエリアに共通している。また、図鑑
を作った牧野博士に倣い、植物の一つ一つ
にめちゃくちゃ詳細な説明の書かれた名札が

ついていることにも注目してほしい。

　2019（平成31）年には北園にこんこん山広
場とふむふむ広場がオープンした。園内で
一番新しいエリアは、若いスタッフたちがコ
ンセプトを決めてイチから造っている。景色
のいいところには東屋や縁台を造り、芝生広
場には東京の博士の自宅だった、練馬区立
牧野記念庭園の桜などを接ぎ木して植えた。
晩年、高知に帰りたかったのにそれが叶わな
かった博士の思いを託したという。

展示館中庭 博士ゆかりの植物　春には博士ゆかりの植物であるキシツツジ、フジツツジ、コヤスノキ、ヨコグラノキなどが見頃を迎える。

自然と融合した有機的な建築

水盤や水生植物を植栽した水鉢が配された展示館中庭。
ウッドデッキから眺めると絵画のような景色が広がる。

博士の銅像を中心とした南園の「曲水の庭」
はもともと芝生広場だったところをスタッフ
の手で川を造り、木材を敷いた。担当してい
る中野尊廣さんは植物に付く虫を家で飼育し、
その生態を調べるほど研究熱心。同じく担
当している久武美由紀さんは「東京の牧野
記念庭園からヒメアジサイを譲り受けた」と
いう資料を発見し、長らく牧野植物園の伝説
だったことを事実に変えた。

「たとえば、健康食品として知られるアサイーはキャベツヤシの実で、キャベツヤシはこんな木だったとか、わずか1センチ程度のカカオの花が結実してあの大きな実になるとか、香水に使われるイランイランノキはこんな木だったとか、わかったら植物がもっと身近になる。そんな発見をする楽しさを感じてほしいです」
（温室担当　丹羽誠一さん）

2008（平成20）年には開園50周年を記念して「50周年記念庭園」が南園に完成。池と小川を配した水景庭園でもあり、谷地を活かした植栽で四季折々の花とトンボや蝶などの昆虫のコラボも楽しめる。ここに使われている敷石は、土佐電鉄（現・とさでん交通）から譲り受けたものだそうで、県民に親しまれてきた素材を使用した手作りの園地だ。

温室は2010（平成22）年にリニューアルオープン。入り口にある大木の洞窟をイメージした高さ9メートルの「みどりの塔」の壁面にはアコウを植栽している。実はこの塔、この「絞め殺しの木」の異名を持つ木が壁を網状に覆い尽くすことを想定して造られたのでまだ完成していない。20年後くらいにはそれらしくなっているのでは、という。植物の成長を見守るのはなんと贅沢な時間なのだろう。温室内は乾燥地あり、滝あり、ジャングルありと景色がどんどん変わっていく。カカオやバニラ、パパイヤ、バナナなど馴染みのある植物も多い。

展示館中庭の博士ゆかりの植物も外せない。和名を付けた、学名を付けた、植物図を描いたなど、とにかく牧野博士に関係のある植物約250種類がコンパクトに集まっている。他ではなかなか見られないムジナモも必見だ。ほかにも自然と一体化した開放感溢れるアートな建築やランドスケープデザイン、趣向を凝らした企画展示や映像シアターなど、1日では回りきれないほど見どころがたくさんなのだ。

「牧野博士の何にでも愚直に物事に取り組む姿勢が人間として信用できます」と福川直人さん。高知県出身で個人的な園地のお気に入りは「土佐の植物生態園」。

植物と牧野富太郎が
大好きなスタッフたち

　牧野植物園は世界でも珍しい、人名を冠した植物園だ。そのたった一人のためにこの広大な植物園はあり、たくさんのスタッフが働いている。そして、スタッフたちは何よりみんな牧野博士が大好きなのである。「博士の名前に恥じないように」という言葉をいったい何度聞いたことだろう。

　残念ながら牧野博士は開園した牧野植物園を見ることはなかったが、「私は草木の精かも知れん」と言ったその精神はしっかり代々スタッフに引き継がれている。つまり、牧野植物園のスタッフは、もはや牧野富太郎と同様に「草木の精」なのである。たくさんの「草木の精」たちが大切に育んでいるのだから、ここにある3000種類以上の植物たちが美しくないわけがない。

　一つの花の命は短いけれど、その一つ一つがこの植物園の景色を作り、歴史を積み上げている。そんな儚くも美しい「物語」がここにはある。

上／「植物分類学研究の才能ばかりで
なく、ものすごい量のコンテンツを生
み出すエネルギーも持っていました。
好きなことを極めた牧野博士を尊敬し
ています」（新園地担当　白土晃一さん）

下／「野生植物の魅力をもっと伝えた
いです。良かれと思って買ってきた植
物を自然の中に植えたりするとDNAの
汚染が起きてしまう。教育は大切です」
（研究調査員　藤井聖子さん）

芝生広場のシンボルツリー、
シマサルスベリ。

MAP
高知県立
牧野植物園
主要マップ

土佐の植物生態園で見られるキ
イレツチトリモチ（10月から12月）。

② 牧野富太郎
記念館 本館

ふむふむ
広場 ③

① 土佐の植物
生態園

本館と展示館を
結ぶ回廊

こんこん山
広場 ⑤

こんこん山広場にはフラワー
ショー期間中にさまざまな
イベントを開催している。

毎年秋には五台山観月会と
称し、夜間イベントを近隣の
竹林寺と共催。竹林寺のラ
イトアップも風情あり見事。

土佐寒蘭
センター

北園と南園の連絡道

牧野富太郎像

⑥ 50周年
記念庭園

竹林寺

温室

南門

薬用植物区

芝生広場

④
牧野富太郎
記念館 展示館

展示館 企画展示室では年に数回、牧野博士や植物をテーマに多彩な企画展を開催。

展示館入り口（回廊沿い）にあるスエコザサと歌碑。

土佐の植物生態園
牧野を育んだ高知県の植生を山地、低山、湿地、海岸の4ゾーンに分けて自然に忠実に再現している正門から続くエリア。

春には博士ゆかりの'仙台屋'など40種類ほどのサクラの仲間が咲き誇る。

牧野富太郎記念館 本館
建築家・内藤廣氏の設計で、高知県産の木材をふんだんに使用。展示館とは長い回廊で結ばれている。

ふむふむ広場
ここでは五感を使って植物と触れ合える。触ってもOK！ 葉っぱをちぎって匂いを嗅いでもOK！という唯一の場所。

牧野富太郎記念館 展示館
常設展示「牧野富太郎の生涯」や「牧野蔵」、シアターなどを通し、博士の業績や人柄に触れることができる。

こんこん山広場
春は花畑になる2019年にオープンしたエリア。芝生広場も大きく、見晴らしもいいのでランチするのにもピッタリ！

50周年記念庭園
東洋の野生植物、園芸植物にこだわり、起伏のある地形を活かし大小の池を配した回遊式水景庭園となっている。

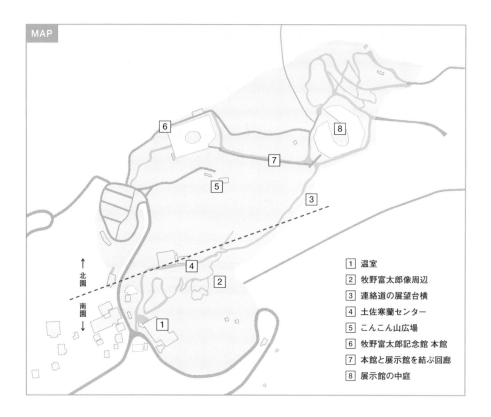

1 温室
2 牧野富太郎像周辺
3 連絡道の展望台横
4 土佐寒蘭センター
5 こんこん山広場
6 牧野富太郎記念館 本館
7 本館と展示館を結ぶ回廊
8 展示館の中庭

↑
北園

南園
↓

知っておくともっと楽しくなれる牧野植物園の情報を集めました
ぜひ訪れる際の参考にしてください！

夜の植物園が気になる
定期的に開催している夜間開園。花
や緑が鮮やかな昼間とは違い、ライト
アップされた南園と温室の「植物園
の夜」を楽しむことができる。

夏の食虫植物展 & 冬のラン展
温室で開催される恒例イベント。夏
の食虫植物展は夏休みの自由研究に。
冬のラン展は多様で絢爛豪華なラン
の世界を観賞できる。

池の穴からオオオニバスをのぞく
毎年「オオオニバスにのろう！」とい
う子ども向けの体験イベントを開催。
温室では池の下にある窓から葉の裏
側を観察することもできる。

渡り蝶アサギマダラ
毎年秋には南園の牧野富太郎像周辺にたくさんアサギマダラがやってくる。アサギマダラは春から夏は本州へ、秋は南西諸島まで旅をする渡り蝶。

禁断の花「ケシ」も栽培
総合型植物園の特色を生かし、本来は栽培してはいけないケシも研究目的として特別な許可を得て、有刺鉄線の柵内で栽培している。

伝統園芸植物の棚にも注目
高知県が世界に誇る東洋蘭であるカンランを中心とするコレクション約260品種を保存。その他にも四季折々の日本の伝統園芸植物を展示する。

春の風物詩フラワーショー
こんこん山広場が色とりどりの花で覆われるフラワーショー。毎年、音楽演奏やワークショップなど趣向を凝らしたイベントが開催される。

ボランティアの力作
牧野富太郎記念館本館内を彩る季節の生け花は牧野植物園生け花ボランティアの作品。いつ行っても見事な生け花が飾られているので注目してみて。

標本室もあるんです
来場者は直接見ることはできないが、ハーバリウムでは毎日、新しい植物標本が作られている。植物標本は研究機関としての植物園の大切なお仕事。

回廊も見どころ満載
回廊沿いには園のシンボルのバイカオウレンをはじめ、たくさんの美しい花が咲く植物が植えられている。写真は秋に咲き誇るツワブキ。

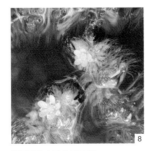

超貴重なムジナモの花
開花するとニュースになる（開花するのは数時間のみ）絶滅危惧種ムジナモ。栽培は非常に難しく、常設展示している植物園は珍しい。

ノベルティや公式グッズが素敵
写真は2022年のスタンプラリーをコンプリートするともらえたオリジナルクロッキー帳。ショップで買える公式グッズも牧野愛に溢れる。

Makino
Staff's Note

園長
川原信夫 さん

牧野博士の魅力は笑顔の素晴らしさだと思います。自分の興味ある植物分類学の研究を突き詰めていくバイタリティを持つ一方、一般の方々には優しくわかりやすく植物の魅力を伝えました。高知に来られた際は、まず牧野植物園にお越しいただき、博士の愛した植物たちを愛でていただければ幸いです。

植物研究課　牧野富太郎プロジェクト　推進専門員
小松加枝 さん

植物を愛すること、親しむ心を教えてくれた牧野富太郎博士を通して、人間の永遠のテーマである「植物、自然との共生」への導きを、ここ植物園で、多くの方々から学び、発信させていただくことができる尊い仕事です。

会計課　窓口
野島千尋 さん

気持ちよく散策をスタートしていただけるようなおもてなしを心がけています。お客様から楽しかった、また来ますってお声をもらうと私たちもとてもうれしいです。博士のユニークで自由奔放、魅力的な人柄を多くの人に知っていただきたいです。

栽培技術課　課長
濱口宗弘 さん

牧野博士ゆかりの植物や西南日本の野生植物などさまざまな植物を保有しています。園地植栽や展示、植物イベントなどを通じて広く紹介し、来園者の方々に喜んでいただき、植物や博士への興味を持つきっかけになればと思います。

植物研究課　文庫班長
村上有美 さん

文庫の資料調査では、点が線になる瞬間がよくあります。発見の瞬間こそがこの仕事の醍醐味だと思います。その線を辿ると新たな事実に繋がることがあり、こんな時はよく牧野博士のうた「綿密に　見ればみるほど　新事実」を実感します。

研究員　理学博士
藤川和美さん

植物多様性の解明に向けて、膨大な腊葉(さくよう)標本を採集し、分類・記載した牧野博士。世界にはまだまだ未知な植物が。生涯フィールドを駆け回って、自分の目で植物を観察して、地球植物誌へ貢献していきたいと考えています。

植物研究課　研究推進・展示班長
岡林里佳さん

働き始めた時から、直属の上司は牧野博士だと思ってやってきました。担当するデザインや展示、催しなど、博士ならどう思うかいつも気になります。まだまだ世に出ていない博士の魅力や情報をこれからも地道に発信していきたいです。

植物研究課　研究調査員　樹木医
藤井聖子さん

私はここに牧野博士がいると思っています。ここを造る時に博士が武井近三郎さんに送った「さすが土佐だけのことはあると絶賛される植物園にしてくれ」という言葉を遺言だと思って、私は植物園に入った時からそれを信念にやっています。

栽培技術課　教育普及園管理班長
福川直人さん

伝統園芸は単に美しい植物を観賞するだけでなく、茶の湯の精神や武士道と結びついています。また、栽培技術と共に、観賞する時の作法やしつらえ、手入れの道具など、独特な発展を遂げています。歴史的な文化を紹介できて楽しいです。

広報課　広報班長
橋本渉さん

牧野博士の業績や人柄をお伝えすると、返ってくる反応は驚きや感動の声ばかり。愛する植物に囲まれて幸せそうな姿、ニカッとした満面の笑みはすべての人を魅了します。そんな博士の偉大さや温かさを多くの方と共有していきたいと思います。

教育普及推進課　課長補佐
片山百合子さん

「牧野植物園で開催する意義」を大前提に、植物園や富太郎の魅力が伝わるイベントを企画しています。たくさんの方に喜んでいただけるのがうれしいです。牧野博士は天性のコピーライター。現代に生きる私たちの心にも響く言葉が多いです。

栽培技術課　温室管理班長
丹羽誠一さん

温室内の植物は温度、湿度、風、光などの環境を制御することが難しさであり、やりがいです。熱帯地域に生育している植物の開花、果実、特徴的な葉など、見せ方を工夫しているので、熱帯植物の多様性をお客様に感じていただきたいです。

栽培技術課　観賞園管理班長
中野善廣さん

開園時から代々職員が全国各地からこつこつと植物を集めて充実させてきた園地が何より魅力です。仕事を通じて植物の勉強ができ、さらに私生活でも野外に自生する植物を見に行くことで得たもので園地を充実できれば、何よりも幸せです。

栽培技術課　観賞園管理担当
久武美由紀さん

汗にまみれての除草や剪定、胴長を着て池に入るスイレンやハスの手入れなども、大変と思われるかもしれませんが大好きな仕事。見頃を迎える植物をさりげなく引き立たせるように除草しています。目を留めてくださっているとうれしいです。

栽培技術課　新園地管理班長
白土晃一さん

こんこん山広場は2019(平成31)年春にオープンして、まだまだ小さい植物が多いのですが、植物の成長に伴ってどんどん風景が変化していくプロセスを楽しめるのは新しい園地ならでは。先を見据えて維持管理や植栽計画にやりがいを感じます。

A Walkers Travelogue
to Kochi in the Footsteps of
Makino Tomitaro

6

牧野富太郎と
めぐる植物の旅
in 高知

第七官界逍遥的ボタニカルな旅

A Botanical Journey Through the Seventh Sense

文・里見由佐（さとみ・ゆさ）
雑誌「Olive」で牧野植物園の小記事を読み、同園をより好きになる。のちに念願叶って同園に勤務しイベントや冊子の企画立案・制作にたずさわる。現在は里見デザイン室で企画・執筆などを担当。マップのイラストは夫、里見和彦が描いている。

※マップは特別企画展「牧野富太郎展」2022「富太郎が歩いた高知」を改変したものです。
© 公益財団法人高知県牧野記念財団

牧野富太郎はフィールドの人だった。西へ東へ高知の山野や海岸を軽やかに歩き、植物と目を合わせては、そっと交信していたんじゃないか？と思わせる富太郎の植物への恋は、94歳でこの世を去るまで色褪せなかった。晩年さすがにあちこち遠くまで行かれなくなっても、自邸の庭で帰りたいなつかしい土佐の草木を見つめ、故郷の植物を送ってほしいと、弟子にしつこく葉書を出しては恋しがった。

これからめくるページの、富太郎が歩いたフィールドを旅し、ゆかりの植物の名を知るなどして心通わせた時、富太郎の尽きない草木への恋心の発芽が、豊潤な土佐の植物にあったのだと、うなずいてもらえるかもしれない。

樹木のトンネルで始まる牧野植物園正門のアプローチを行くと、富太郎も歩いた高山から海岸までの、土佐の植物の多様性を見つつ歩いたことになる。そこから見えてくる伏せた有機的な屋根を持つ建築は、植物に対してどこまでも謙虚で、雨の日、その半野外の空間からぼーっと木々を眺めれば、自分の内なる部分にも慈雨が降る。南園の富太郎

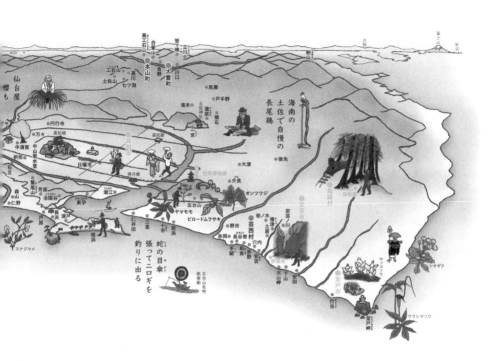

像の奥にあるひっそりとした場所は、植物園の歴史をずっと見てきた木立と昔話のようなお馬道が呼応し、牧歌的な空気が満ちている。春のうららかな芽吹き、夏の木かげ、秋の紅葉に続く、葉を落とした冬の樹形まで、どこをとっても完璧な植物のさまに瞠目（どうもく）しつつ、カメラ越しで見たつもりにならず、懐深い植物たちに手をふれ、香りをかぎ、足元の小さき野草の声にも耳をすませる時間を過ごしてほしい。

佐川は盆地だからなのか、磁場がいいのか、なんとなくよき空気感に包まれている心地がする。牧野富太郎の土台（ベース）を作ったこの町は、その草木の精の面影を探すことができる場所なので、富太郎ファンは行くべし。道中の車や汽車から眺める「なんちゃあじゃない」風景が沁みます。そしてもし、佐川の町でチョウやバッタを見かけたら、それは富太郎なのかもしれない。マキノジンの酒蔵でもチョウは舞っていたそうだし、「プランツ・パーティ!!!」（32ページ参照）でもそうだった。佐川の町を訪れ、ひらひらとメッセージありげに飛ぶチョウを見るたびに「あ、これは」とみんな自然に思うらしい。

133

佐川町

江戸の趣が残る上町地区で
植物愛に溢れる町散策

サカワサイシン
『卓上版 牧野日本植物図鑑』(北隆館)より

　富太郎の生家があった佐川町の上町地区。ぶらり歩いて感じるのは、不思議と心が休まる心地よさだ。多くの民家の庭や軒先、地域の花壇で「まちまるごと植物園」のプレートを見かけるが、町の植物好きにより草花が丁寧に育てられている様子が伝わってくる。加えて、土佐藩筆頭家老・深尾氏の城下町の面影があちこちに残り、積み重なった歴史と今を生きる植物が見事に相まって、なるほど町全体が植物園を目指しているのだなとうれしい気持ちになる。牧野富太郎ふるさと館で博士の足跡を辿ったあと、幼少期に遊んだ金峰神社を抜け、牧野公園に向かえば、多くのゆかりの植物を間近に見ることができる。公園のてっぺんにある物見岩から一望できる佐川の風景は格別だ。

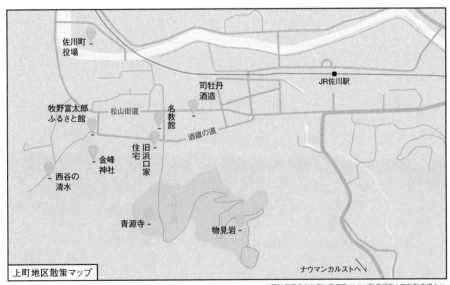

佐川町
役場

司牡丹
酒造

JR佐川駅

牧野富太郎
ふるさと館

松山街道

名教館

酒蔵の道

金峰
神社

旧浜口家
住宅

西谷の
清水

青源寺

物見岩

ナウマンカルストへ

上町地区散策マップ

※司牡丹酒造の北側に乗用車60台が駐車可能な無料駐車場あり。

牧野公園入り口付近にある「みちばた植物園」。身近な山野草を紹介している。「まちまるごと植物園」のプレートが立つ場所の中には、自邸の庭を開放して見学できるようにしているところもあるという。

上町地区のぶらり散策スポット

牧野富太郎ふるさと館
生家跡に建つ小さな資料館。富太郎の自筆の手紙や遺品、植物図などを展示する。窓から見える裏庭からも当時の雰囲気を偲ぶことができる。

酒蔵の道
江戸時代から酒造りが盛んだった上町地区には、現在も司牡丹酒造の酒蔵があり、富太郎が学んだ名教館などの歴史的建造物が建ち並ぶ。

牧野公園
地元住民による「はなもりC-LOVE」が中心となり、富太郎ゆかりの植物を種から育て、植栽している。400種を超える山野草が楽しめる。

旧浜口家住宅
江戸期に酒蔵を営んでいた浜口家の建物を利用したカフェ＆お土産販売所。散策のあと日本庭園を見ながら地元のスイーツを楽しむのもいい。

青源寺
土佐藩筆頭家老・深尾氏の菩提寺で静謐な庭がとにかく美しい。同町内にある乗台寺と共に土佐三大名園（県指定文化財）に指定されている。

ナウマンカルスト
ドイツの地質学者で日本地質学の父と称されるエドムント・ナウマンにちなんで名づけられた石灰岩でできた丘。上町地区からは車で5分ほど。

高知市

牧野植物園の帰りは
遍路道を通って市内へ

ヤマモモ
『卓上版 牧野日本植物図鑑』（北隆館）より

　牧野富太郎や高知ゆかりの草木に出会いたければ、牧野植物園を訪れるに越したことはない。ところで、広大な敷地を歩いていると他とは趣の異なる古い道に出くわすことがある。かつて園地の多くが隣接する竹林寺（四国霊場第31番札所）の境内であったことから、一部に近世からの石垣や道が残されているためだ。

　「お馬道」と呼ばれるこの道は、よさこい節で「はりまや橋で坊さんかんざし買うを見た」と唄われた僧・純信を慕ってお馬が通った道であり、今でも竹林寺へ向かう遍路道として開放されている。牧野植物園からの帰り道、もし高知市内に向かうなら、この遍路道を下って路面電車が通る文珠通停留所まで歩いてみるのもいい。

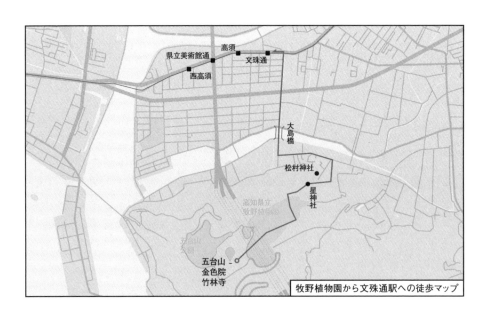

牧野植物園から文殊通駅への徒歩マップ

温室近くから続くお馬道。高知市内へ向かう場合は、第31番札所竹林寺から第30番札所善楽寺へ向かう逆路になる。山道を下ったあと大島橋を渡り、しばらく直進すると路面電車の線路がある国道195号へ出る。植物園からは徒歩で40〜50分ほど。

高知市内での富太郎エピソード

好物だったヤマモモ

200通を超える手紙をやりとりした武井近三郎さんへ「高知では例のヤマモモの熟する季節で『お銀がちぎりし白ももも』と呼んで町を売り歩くでせう」と便りを出している。甘酸っぱい果実は今も梅雨時の日曜市で見かけることがある。

日曜市とケンポナシ

富太郎が74歳の時、武井さんと共に日曜市を訪れた時のこと。薬草を売っている店で立ち止まり「こりゃケンポナシぜよ。これは珍しい。久しぶりや」と束ごと購入。「高知の日曜市はいろんな物が出ているから結構植物採集ができて楽しい市だ」と次から次へと買うので、とうとう持ちきれなくなったという。ケンポナシとは、梨の仲間ではなくクロウメモドキ科の植物で不思議な形の実を付ける（食用部分はあまりなく、晩秋から冬になると梨のような甘みが出るという）。この実を使った牧野植物園のオリジナルブレンドティーも販売されている。

菊水堂の百合羊羹

高知には美味な菓子が少ないと嘆いていたが「ズット以前ノ高知に百合羊肝があったが、これは他国に見ない好い菓子であった、今も在るのかどうかな、あって慾（ほ）しいもんだ!」と記している。現在も福留菊水堂で作られている。

桂浜で植物採集

桂浜の採集会で、ある植物を引き抜こうと悪戦苦闘する子どもに手助けをし、「なんて強いんだろうね、この草は。馬をつないでおくのに持ってこいの植物だ。だから…コマツナギ（駒つなぎ）というんだよ」と優しく教えたという。

越知町

荘厳な雰囲気漂う神秘の森
横倉山でトレッキング

ヨコグラノキ
『卓上版 牧野日本植物図鑑』（北隆館）より

　若かりし頃何度も足を運び、多くの新種を発見した横倉山。ヨコグラノキを始め、富太郎の植物画のアイコン的存在でもあるジョウロウホトトギス、コオロギランもこの山で富太郎が採取した標本をロシアのマキシモヴィッチに送り、和名が付けられるなど、多くのエピソードを持つ。

　日本最古の化石が見つかる太古の地層が残る山中には、樹齢数百年のアカガシの原生林や数々の珍しい植物のほか、壇ノ浦の戦で敗れた平家が密かに匿ったとされる安徳天皇の陵墓や霊を祀る横倉宮など歴史的価値の高いスポットも点在する。ガイド付きのトレッキングツアーに参加すれば、ただならぬ自然のパワーと歴史の重みを存分に体感できる。

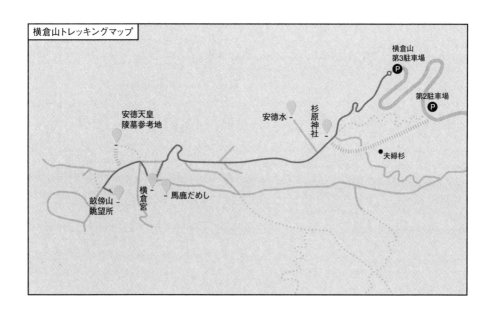

横倉山トレッキングマップ

横倉山
第3駐車場
P

第2駐車場
P

安徳天皇
陵墓参考地

安徳水

杉原神社

夫婦杉

畝傍山
眺望所

横倉宮

馬鹿だめし

左上／横倉山の遠景。
右上／4億年以上前の石灰岩でできた約80メートルの断崖絶壁「馬鹿だめし」。
右下／畝傍山眺望所からの風景。

横倉山トレッキングツアー
要予約：1週間前までに予約。3名から受け付け
料金：3時間コース3000円、5時間コース4000円
問い合わせ：越知町観光協会
電話：0889-26-1004
公式サイト：https://ochi-kankou.jp

越知町で立ち寄ってみたいネイチャースポット

横倉山自然の森博物館

牧野富太郎のフィールドワークの様子をまとめたコーナーや日本最古級の地質や化石の展示のほか、本物の化石や隕石に触れる学習・体験コーナーも。安藤忠雄が設計した周囲の自然と調和する建築も見どころのひとつ。開館は9～17時。月曜定休（祝日の場合は翌日休み）。

大樽の滝

平成2年に「日本の滝百選」に選ばれたこともある高知屈指の名滝。国道33号線の案内板から県道18号に入り、仁淀川沿いを進んだ細い山道の奥にある。遊歩道を20分ほど歩くと落差34メートルの滝が現れる。道が狭く、通行止めになる場合もあるのでWEBで事前確認を。

浅尾沈下橋と川遊び

越知町と隣の仁淀川町は川遊びのメッカといっていいほどアクティビティが充実している。越知町にはアウトドアブランドが運営する「かわの駅」をはじめ、多くの川遊びスポット・施設があり、周辺には映画にも登場する浅尾沈下橋のような風情ある景色も楽しめる。

仁淀川町

富太郎が初の学名を付けた
ヤマトグサが自生する中津川上流

ヤマトグサ
『卓上版 牧野日本植物図鑑』(北隆館)より

　22歳で東大（当時は東京帝大）の植物学教室への出入りが許された富太郎は、のちに助手となるまでの10年ほど、頻繁に帰郷し、土佐で旺盛に植物採集を行った。ここ仁淀川町の中津川上流は何度も訪れており、初めて学名を付けたヤマトグサを発見した地でもある。同町には中津川が流れる中津渓谷のほか、岩屋川渓谷、安居渓谷という三つの

美しい渓谷があり、仁淀ブルーと呼ばれる息をのむほど神秘的な水の景色が楽しめる。ちなみに中津渓谷には、富太郎が20歳の頃、大蛇がいると恐れられた場所に友人の大倉遊仙に誘われ、釣りに出かけところ天候が急転。雷が近くに落ち「水神様よ、わるさをした遊仙を許して下されー」と逃げ帰ったという逸話が残る。

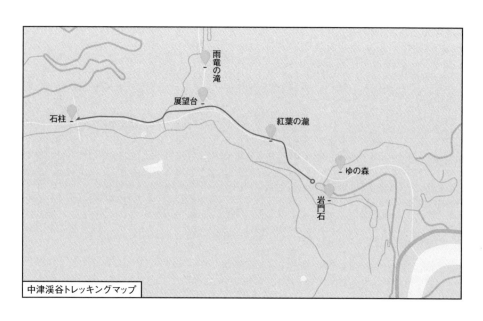

雨竜の滝

展望台

石柱

紅葉の瀧

ゆの森

岩門石

中津渓谷トレッキングマップ

中津渓谷沿いには、巨岩の間を通る道や激流が流れる橋などがあり、歩みが楽しい。約2.3キロメートルの遊歩道が整備され、爆音と共に水しぶきがあがる雨竜の滝（右下）まで20分、最深部の石柱まで40分でたどり着く。

中津渓谷ガイドツアー
要予約：3日前まで
料金：2名6000円（3人目より3000円追加）
問い合わせ：仁淀ブルー観光協議会
https://niyodoblue.jp/
※安居渓谷のガイドツアーも同様に受け付けている。

仁淀川町周辺で立ち寄ってみたい渓谷

画像提供：一般社団法人仁淀ブルー観光協議会

安居渓谷県立自然公園
全長で10キロにおよぶ渓谷には、紺碧の水をたたえた水晶淵や水のカーテンのごとき砂防ダムで圧倒的な透明感のある仁淀ブルーを堪能できるスポットが数多くある。シンボル的存在の飛龍の滝や落差60メートルの昇龍の滝などの滝をめぐりをするのもいい。

岩屋川渓谷
四国カルスト県立自然公園の一部である岩屋川渓谷は、仁淀川の支流である岩屋川沿い約2キロに広がる荒々しい渓谷。その名のとおり巨岩や奇岩がゴロゴロし、ひょうたん淵や音釜などの見どころがある。上流に春日神社があり、秋には岩に映える紅葉が美しい。

にこ淵
仁淀川町の隣にある、いの町にある「にこ淵」は、水神の化身とされる大蛇が棲むと言われた神聖な場所。滝つぼの底が見えるほどの透明さを誇る。正午あたりが最も映えるブルーになるとされ、時間帯により碧色にも変わる幻想的な水の光景を目の当たりにできる。

安芸市

伊尾木洞で断崖に生い茂る
シダの群落に出会う

ホウライシダ
『卓上版 牧野日本植物図鑑』(北隆館) より

1892（明治25）年にホウライシダ、シロヤマゼンマイ、タイキンギクを採取した記録が残る伊尾木洞は波の浸食で形成された海食洞で近頃は知られざる植物スポットとしてじわじわと人気になっている。この洞窟の壁面には、熱帯性のシダ40種ほどが生い茂り、群落すべてが天然記念物に指定されている。景観的には夏場がお勧め。2名よりガイドツアーも行っている。

最深部の滝までは往復30分ほど。ツアー問い合わせは安芸市観光協会まで。　　　　電話：0887-35-1122

足摺岬・三原村・大月町

最南端の足摺岬周辺は富太郎が1889（明治22）年頃、1カ月ほどかけて調査した地域。三原村の星ケ丘公園では、高知県の絶滅危惧種であるヒメノボタン（公式グッズのポストカードにも描かれている）が秋に咲き誇る。大月町には富太郎ゆかりの幻の「アシズリザクラ」（62ページ参照）が今も残り、いくつもの富太郎の足跡が見つかる。

© 金澤京子

四国八十八景にも選ばれた星ケ丘公園。地元の方の保全活動によりヒメノボタンの群生が見られる。

馬路村

魚梁瀬杉の巨木が林立する
千本山を探訪する

ヤブソテツ
『卓上版 牧野日本植物図鑑』(北隆館)より

「日本の秘境100選」にも選ばれたことがあり、樹齢200～300年、樹高50メートルにもなる魚梁瀬杉の巨木が林立する千本山。かつて、ここで採れた標本を基に、富太郎がヒロハヤブソテツやモミランを命名。人の手を入れず手付かずの自然の森として残されており、植物の生命力が顕著に感じられる。地元の人だけが知る絶景や森の歴史を交えた山の案内人によるガイドも行っている。

ガイドの問い合わせは馬路村役場魚梁瀬支所「魚梁瀬山の案内人クラブ」まで。 　　　　電話：0887-43-2211

室戸市

　1934（昭和9）年に室戸岬で植物採集指導をした記録が残る室戸市。現在はユネスコ世界ジオパークに選定され、岬周辺では隆起した大地と亜熱帯植物の群生など、壮大な自然を体感できる。また、市内にある四国霊場第26番札所、金剛頂寺の境内にはヤッコソウが自生し、冬にその花を目にすることができる。

四万十町・香美市

　四万十町・遠山地区の湿原では、地元ボランティアが保全する希少植物の観察会を定期的に開催している。見頃の時期が毎年異なるため、観光協会のSNSをこまめにチェックしておきたい。香美市・香北の自然公園では、牧野博士のエピソードを交えた草花のガイドをしてくれる（同市観光協会で要予約）。

Makino's Library
a Homage to Plants and
a Diversity in Reading

牧野博士の
たのしい蔵書

牧野博士も大好きだった
キノコにまつわる
美しい装丁の3冊の洋書

蔵書 1

❶ EDIBLE FUNGI
タイトルの和訳は「食用菌類」／ジョン・ラムズボトム著／1943（昭和18）年／ペンギンブックス

❷ POISONOUS FUNGI
タイトルの和訳は「有毒菌類」／ジョン・ラムズボトム著／1945（昭和20）年／ペンギンブックス

❸ Edible and Poisonous Mushrooms
タイトルの和訳は「食用キノコと毒キノコ」／M.C.クック／1894（明治27）年／キリスト教知識普及協会

　牧野富太郎の有名な写真の一つに、ほおかぶりをして両手にキノコを持って踊っているものがある。牧野植物園の牧野博士の銅像もキノコを持っている。ということで、博士の大好きだったキノコについての洋書を3点紹介。左と真ん中は、イギリスの出版社ペンギンブックスのキングペンギンブックスシリーズの本。1939（昭和14）年から1959（昭和34）年までの間に美しい装丁でさまざまなテーマの本を76タイトル出版した。右は、17世紀後半の慈善学校設立運動から生まれた、キリスト教知識普及協会から出版。もともとは聖書や説教本を出版していたイギリスで3番目に古い出版社だ。

❶
著者のジョン・ラムズボトムはイギリスの菌類学者。チャールズ・ダーウィンもフェローだったイギリス・リンネ協会や、イギリス菌類学会の会長を務めた。「食用菌類」「有毒菌類」、共にローズ・エレンビーによる美しいイラストを満載。

❷
この本に載っているすべてが毒キノコであるはずなのに、左のページの左下にはドクロマークが付いている。特別に猛毒ってこと？ ちなみに Amanita verna はシロタマゴテングタケのこと。確かに猛毒。

❸
右ページの左上に牧野博士の自筆でニギリタケ、カラカサタケと書いてある！ そう正に、あのキノコ踊りの写真で手にしていたキノコなのだ。「にぎりたけ　にぎりがいなき　ほそさかな」と詠んだ博士の愛が感じられる。

日本に社交ダンスを広めた
ダンス王の本。牧野博士がこの本で、
ステップを独学していたかもしれない？

❶ 社交ダンスの仕方：基礎練習と新ステップ
玉置眞吉著 ／ 1928（昭和3）年／汎人社
❷ モダアンフイギユアー　社交ダンスの研究
玉置眞吉著 ／ 1929（昭和4）年／文化生活研究舎
❸ 三〇年型社交ダンスの手引
玉置眞吉著 ／ 1930（昭和5）年／誠文堂

　昭和に活躍したダンス王、玉置眞吉の著書3冊。いずれも社交ダンスの実用書である。和歌山県で教員をしていた玉置眞吉は、大逆事件で死刑になった大石誠之助と親交があったために退職し上京。紆余曲折を経て、日本における社交ダンスの草分け的な存在となる。自身初の著作である『社交ダンスの仕方』をはじめ、社交ダンスの教本も多数残しており、1946（昭和21）年刊の『社交ダンス必携』（楽友社）はダンスホールの普及と時期が合ったことも手伝って37万部を売り上げるベストセラーとなった。戦後は社交ダンス、フォークダンスの指導者として日本全国を精力的に飛び回っていた。

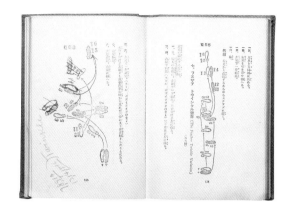

以下3点の写真はすべて『モダアンフイギユアー 社交ダンスの研究』から。今回の取材で念の入った書き込み＆張り込みがあることがわかり、この本で、社交ダンスのステップを独学していたと思われる。

ブルースのページにおいては、ナチュラルターン、リバースターンともにステップを書き直して、貼り込みをしている。

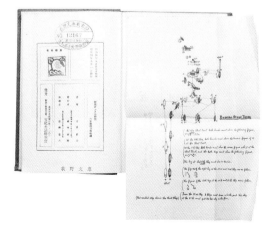

最後のページに貼り付けられた、非常に複雑なステップに Russian Stage Tango の文字。英語の添え書きには手のポジションなども細かく書かれている。

一見するとおしゃれな洋書なのに
実際はめちゃくちゃ遊び心のある
大正ロマン（?）な実用書

誰にも出来る粋な社交術
園山露香著／1925（大正14）年／黒燿社書店

大変に洒落た装丁で、タイトルは「TARE NIMO DEKIRU SUINA SHAKOJUTSU」。一見、洋書のようだが、これが実にふざけた本である。「粋な社交」とはつまり、お座敷遊びで披露する隠し芸のことなのだ。踊りの部には「かっぽれ」や「どじょうすくい」が、隠し芸の部には、なかなか大掛かりな「高入道」などに交じって「鼻なめ」なんてものも入っている。いずれもばかばかしい隠し芸を大真面目に解説しているところにセンスのよさが感じられる。それにしてもこれ、博士はどんなつもりで読んでいたんだろうか。意外に隠し芸を独学するためにストレートに読んでいたのかも?

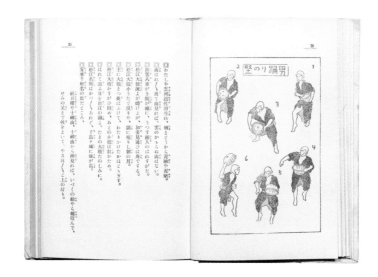

上／どじょうすくいに女踊りの型があったとは。男踊りと比べるとだいぶおとなしい感じの振り付けのようだ。現代でも安来節の女踊りは、男踊りよりも舞踊要素が強い。

下／これぞ、お座敷芸ともいうべきどじょうすくいの男踊り。そういえば牧野博士も、キノコ踊りの写真でほおかぶりをしていたけど、それってまさかここから？

ことあるごとに出かけていた
お気に入りの街・銀座について
詳細に記したガイド本

銀座細見
安藤更正著／1931（昭和6）年／春陽堂

　牧野博士のお気に入りだった銀ブラのお供にしていたかもしれない1冊。著者の安藤更正は会津八一に師事した美術史家で、銀ブラの歴史的考察や銀座とアメリカニズムの光被など、美術史家らしい評論もしているのだが、中にはデパートの便所利用法やカフェの客がいかに女給を口説くかというよ

うな砕けた記述も見受けられる。そしてこの本の装丁。とても可愛くて大変目を引くけれど、どこかで見たことがあるような……と思ったら、ルネ・ラリックがデザインしたコティの白粉（おしろい）のパッケージをそっくりそのまま流用している。現在だったら絶対に許されないが、銀座のハイカラなイメージにぴったりだ。

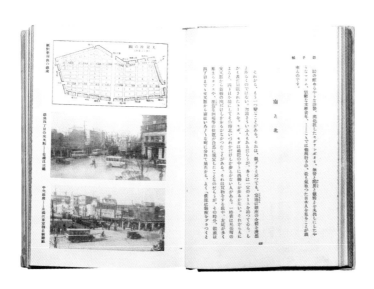

上／このページがある章は「銀ブラの語源」から始まっていて、1915〜1916（大正4〜5）年頃に慶應義塾の学生の間から生まれてきたと書いてある。銀ブラの常連は西側しか歩かない。だから「他所行きの、最も気取った日本人を見ることができる」とか。

下／銀座のモガの後ろ姿が美しい。本書では新しい女性の職業である「女給」について多くのページが割かれている。女性が経済的に自立するためには重要であるが、必ずしも華々しく持ち上げられるものでもないとも書かれている。

刺激的なタイトルとは違い
当時の性的風俗がよくわかる
真面目な辞典

日本性的風俗辞典
佐藤紅霞著／1929（昭和4）年／文芸資料研究会

　タイトルを見るとなかなか刺激的だが、衣食住など日常生活のしきたりや習わし、風習のことを指す、いわゆる「風俗」と、性的な習慣や嗜好のことを指す「性的風俗」に関する言葉が、1対5くらいで混ざっている感じの辞典である。著者の佐藤紅霞は、世界のカクテルや飲み物についての著作もあるが、多くはいわゆる性的風俗に関する翻訳や著作で、昭和初期の艶本界に名を残している。本書は外国人に日本の性的風俗を理解してもらうために、英仏独の3言語で書かれたものを日本語に直したものだと序文に書いてあり、そういう意味でも大真面目に日本の性的風俗を論じている本である。

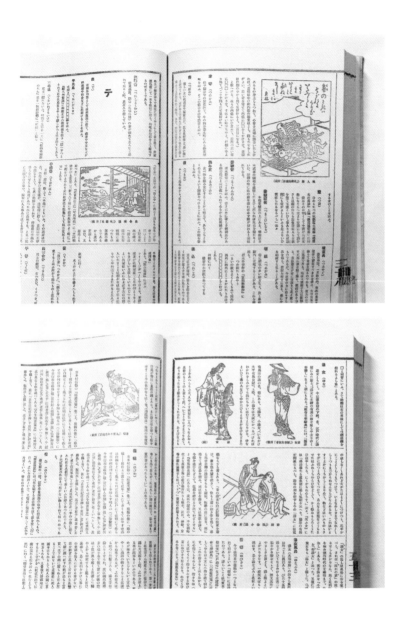

上／それにしても、性に関する隠語や俗語はこんなにあるものかと感心してしまう。筆者もよくぞ集めた。しかし、現代の日本人が読んでも首を捻るようなものも多く、これは当時の外国人にはなかなかハードルが高かったのではなかろうか。

下／色っぽい俳句や都々逸をたくさん残している牧野博士のことだから、いかにも好んで読んでいそうな気もするが、実際のところどのように使っていたのだろうか？ ちょっと聞いてみたい気もする。

江戸の漬物屋主人による
超ロングセラー
漬物レシピ本

四季漬物鹽嘉言
小田原屋主人著／1836（天保7）年／泉屋市兵衛、小林新兵衛、岡田屋嘉七、西村與八、大坂屋秀八

　江戸の漬物屋の主人の手による漬物の専門書。沢庵漬けや白菜漬けなど、64種類の漬け方が書かれている。漬物は奈良時代からあったが、元禄頃から米ぬかと塩を合わせた漬け床を用いるぬかみそ漬けが見られるようになり、後期には一般家庭にくまなく普及するようになった。小田原屋主人の記述は具体的であり、現在でもそのまま利用できるものが少なくない。書名は「四季漬物鹽嘉言」であるが、表紙には「漬物早指南」と書かれている。これは通称で、こちらのほうがキャッチーだったからではないかと推測される。牧野文庫には2冊あるが、内容は同じで版元が違う。

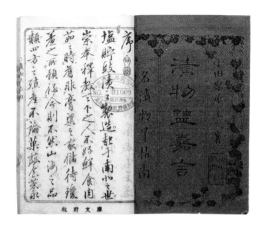

内表紙にも「漬物鹽嘉言」と「名漬物早指南」とが併記されている。序文は幕末・明治の儒学者である東條琴台が書いている。「小田原屋主人は秘伝を惜しまず伝えるために本書を著した」そうだ。

レシピは概ね文字で書いてあり、挿絵は特に手順を説明するものではない。そういえば牧野博士が住んでいた練馬は練馬大根が有名。もしかしたら大根の漬物を指南していたかも。

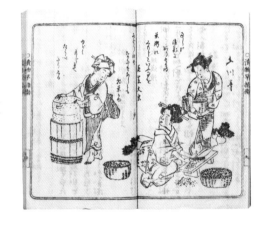

ハヤトウリの挿絵。ちなみにハヤトウリのレシピは、丸漬瓜の種を抜き、回転させながら薄く細く剥き、塩漬けにする。この本にも「翌日干しあげ、一筋ずつ結んで貯蔵」と書かれてある。現代の雷干しの作り方とほぼ同じだ。

牧野文庫には珍しい
江戸の文学本
ご存じ弥次喜多コンビの珍道中

東海道中膝栗毛
十返舎一九著／1802（享和2）年序刊～1814（文化11）年序刊／江戸・甘泉堂和泉屋市兵衛版／大坂・河内屋太助

　牧野文庫には江戸時代の本はたくさんあるのだが、実は文学書はあまりない。『東海道中膝栗毛』は牧野文庫には珍しい江戸の文学書である。ご存じ、弥次郎兵衛と喜多八の「弥次喜多コンビ」が江戸から東海道を旅し、お伊勢参りを経て、京都・大坂までで正編は完結。続編では四国・中国まで回って江戸に帰ってきた。ちなみに「栗毛」は栗色の馬のことで、「膝栗毛」とは自分の膝を馬の代わりに使う徒歩旅行の意味。二人は道中、愚行・失敗の連続だが、作者の十返舎一九が、先行文芸からあらゆる笑いの要素を取り入れたことで、庶民に大ウケし、空前のベストセラーとなった。

弥次郎兵衛、旅立ちの図。弥次郎兵衛は江戸っ子を気取っているが、駿河国府中出身、東海道の旅に出発当時は数え年50歳。作中では下俗で軽薄な性格に設定されていて、作者によると「のらくら者」「ただのおやじ也」という。

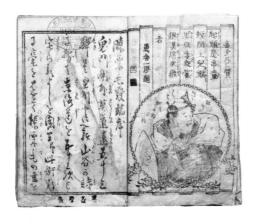

喜多八、旅立ちの図。旅役者の一座にいたときに弥次郎兵衛に見初められて陰間となる。二人はいわばボーイズラブだった。東海道の旅に出発当時は数え年で30歳。

旅が憧れだった時代。弥次郎兵衛・喜多八の愚行・失敗は、旅に出ることによって地域社会のさまざまなしがらみや制約から解放されたいと願う庶民の心情を典型的に描いていたのかもしれない。

159

Dr. Makino's Aesthetic
Art · Design · Words !

牧野富太郎、驚異のセンス

植物に関することはもちろん、それ以外のことにも卓越したセンスを見せていたマルチクリエイター牧野富太郎。この章ではいとうせいこうさんが特に「すごい！」と唸った牧野博士の感性について紹介します。また、それぞれの項目について、牧野富太郎の専門家の方たちにもコメントしてもらいました。まだまだ尽きることのない牧野ワールドをお楽しみください！

富太郎と詩歌

Tomitaro and Poetry

草を褥に　木の根を枕、
花と恋して九十年

（しとね）

Seiko's Comment

これがおそらく最も有名な「牧野都々逸」ではないか。7・7・7・5の韻律。すなわちライミングする植物学者。末尾の年数がその度に違っていたりする。

Seiko's Comment

いかにも都々逸っぽい詞。辛い貧乏生活、憂き世。つまり学者ブルース。でも歌の中に「木の葉」が入ってきちゃう。他のテーマはないのかというくらい。

沈む木の葉も
流れの工合
浮かぶその瀬も
ないじゃない

里見和彦 さん

「沈む木の葉も〜」の都々逸は、75歳の時、長年の植物学上の業績が認められて朝日文化賞を受賞した時の喜びを、やや自虐的都々逸で軽やかに表現したもの。学問や権威と距離を置き、やせがまんの生き方を通した富太郎は、初めていただいた賞が国家ではなく、民間企業が与える賞であったことを、ことのほか喜んでいたといいます。

恐れ山から
時雨りよとまゝよ、
両手にかざす菌傘、

用心すれば雨は来で、
光りさし込む森の中、

やるせないまゝ傘ふって、
踊って見せる松のかげ、

その腰つきのおかしさに、
森よりもるゝ笑い声、

道行く人は何事と、
のぞいて見れば此の姿。

写真提供・高知県立牧野植物園

1928（昭和3）年9月、青森県恐山の森を散策中にニギリタケを見つけ、即興で作った歌。

富太郎と詩歌

Tomitaro and Poetry

「このもの」というのは、おちんちんのことですね。インドの独立運動家チャンドラ・ボースに所望され「このものありて」を絵入りで書いたんですね。こういうことをさらりと言えるところが牧野博士の真骨頂。「どうだ！ 並みの学者にはこんなうた歌えんだろうが！」という富太郎のドヤ顔が浮かびます。

里見和彦さん

都々逸

年をとっても
浮気は止まぬ
恋し草木の
ある限り

都々逸

三千世界に
このものありて
人に苦労が
絶えやせぬ

Seiko's Comment

↑浮気相手は植物ですよ、と一応言ってる。だが右の歌の「このもの」とは何か。だいぶきわどいジョークを連発するのも「牧野ソングス」の特徴。

© 毎日新聞社

都々逸

朝な夕なに
草木を友に
すれば淋しい
ひまもない

美しき
花を眺むる
憂さ晴らし
思い余りし
吾の行く末

もちろん俳句をひねること
もある牧野富太郎。しかし
とにかく素直な句が多い。
宴会での都々逸とは違って、
家でメモってる感覚。表現
は止まない。

俳句

静かなる
庭に聞こゆる
ホウホケキョウ

ふざけているばかりじゃない。ひたす
らこの道に打ち込んだという歌も多い。
「だから許してね」的な、ちょっと言い
訳っぽい部分がまたご愛嬌だ。

何時までも
生きて仕事に
いそしまん、
また生れ来ぬ
この世なりせば

里見和彦 さん

東大泉の自宅で病床に臥せていた最
晩年の富太郎が、次女鶴代に口述筆
記させた句。布団に横たわりガラス
窓の外の庭に目をやり、その光景を描
写したのだろう。松尾芭蕉の「閑か
さや岩にしみ入る蟬の声」に通ずる
ような、自然を観察し続けた者だけが
到達する境地のようなものを感じます。

里見和彦（さとみ・かずひこ）
展示デザイナー。牧野博士に魅せられ、牧野植物園
の常設展示を手がけた後、同園で富太郎の魅力を発
信し続けた。その後、里見デザイン室を開設。せい
こうさんの東京新聞連載「日日是植物」ではイラス
トを担当。著書に『雑草のサバイバル大作戦』がある。

富太郎と標本

Tomitaro and Speciman

学術資料なのに
もはやアートの域

写真提供：高知県立牧野植物園

　植物分類学者である牧野富太郎にとって野外調査は何よりも重要だった。現場に赴き、自分の目で見て、植物を採集し、標本を作成する。それこそが牧野の人生の根幹だったと言っても過言ではないだろう。収集した標本は実に40万枚以上。まだ標本の基本が確率していなかった時代に現在でも通用するような完璧な標本を作っているのはさすがだ。葉が1枚裏を向いていて、花は咲いているものも蕾のものもあり、部位の切り取り方の一つ一つに意味がある。しかも、配置が抜群に美しく、絵画のような味わいだ。

博士の標本には情報がいっぱいです

研究員
理学博士
藤川和美さん

　標本を作る時、標本のこの貼られている状態をよく知っている人だと押す時にも意識して新聞紙に押します。牧野博士の標本もすごく情報がいっぱい載っています。しょぼい標本はほとんどないですね。花と果実の時期が違うものに関しては、花の時期に採集して、果実の時期にもう一度採集しています。昔は乾燥機なんてないですから、新聞に挟んで吸水紙をこまめに換えていく作業をしました。もちろん壽衛さんも鶴代さんもしたと思いますが、博士もやられていたはずです。吸水紙を換える時に、押し葉がどういう状態か見ることが楽しみだったと思います。当たり前に大変と思っていないで、むしろうれしかったんじゃないでしょうか。

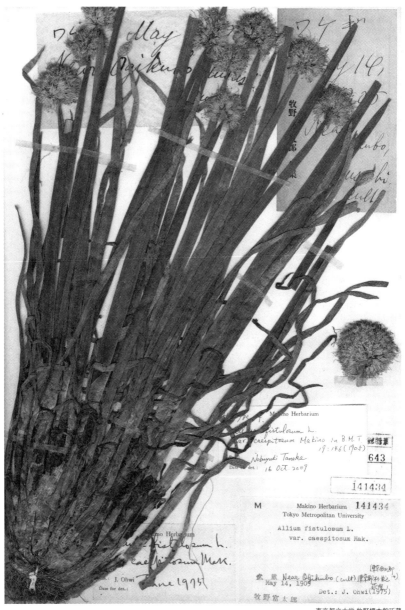

M Makino Herbarium 141434
Tokyo Metropolitan University

Allium fistulosum L.
var. caespitosum Mak.

東京都立大学 牧野標本館所蔵

Seiko's Comment

植物標本こそ短い時間の中で対象の特徴を見事にまとめる技術。花や種や若葉などなど、いわば複数の時間を凝縮するキュビズムのようなセンスが要る。

富太郎とデザイン

Tomitaro and Design

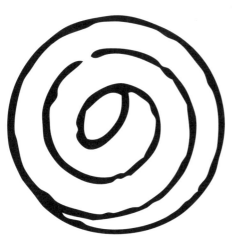

Seiko's Comment

「マキノ」のマーク、くるくるまきの。当然牧野植物園などでも商品化されているし、俺も持ってる。コーポレートデザインでこんなカワイイやつあるか。

写真提供：高知県立牧野植物園

牧野博士生誕160年限定商品「牧野オリジナル和三盆」にもマークが。

高知県立牧野植物園所蔵

茶目っ気たっぷりなサイン

くるくると巻いた「の」で「牧野」という博士の作ったマークにはいろんなバリエーションがある。くるくるまきのに、逆さまの「貧」太郎は、「貧」の反対の「富」太郎という意味。そんなお金に苦労していた生活を笑い飛ばす、博士の茶目っ気が表れているサインも存在する。くるくるまきのは牧野植物園のグッズやカフェのロールケーキなどにも利用されていて、牧野富太郎を表すメタファーとして汎用性の高いとても優れたデザインだ。

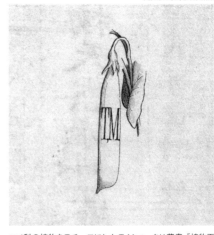

マメ科の植物をモチーフにした T, Mマークは蔵書『植物天然分科識別表』の見返しに描かれたもの。

植物天然分科識別表

紀元二五四一年三月
4072

牧野氏藏本

高知県立牧野植物園所蔵

上／「繇條書屋文庫」と「結網学人」の号が刻まれた楕円形の蔵書印。
左／右上に押された大形の角印は「池長植物研究所図書」。富太郎を援助した池長孟が設立した研究所の蔵書として富太郎が持参したもの。

蔵書印は王道をいく

蔵書印は書物の所蔵を明らかにするために蔵書に捺した印影。なので、本来どのような形でもいいのだが、牧野博士の蔵書印は至ってシンプル。明治20年代の終わりから使われはじめた楕円形の蔵書印には「繇條書屋（ようじょうしょおく）」という自らの書斎の名前が入っている。「結網子」は10代から生涯用いた号であり、中国の歴史書「漢書」の中の一節から取ったもので実行力を持つことの大切さを謳ったものである。

植物の前では無心、それが品になっている

植物研究課
研究推進・展示班長
岡林里佳さん

博士もご自身でおっしゃっていますが、「100年に一人しか出ないって人に言われちゃったんだよ！ ハハハ」みたいな。正にそういう人だと思います。仕事柄、博士の植物図をものすごく拡大して見ることがあるのですが、「牧野式植物図」はびっくりするくらい線にブレがない。そして雑なところが見当たらない。いわゆるボタニカルアートと牧野博士の植物図の違いを常々考えているのですが、圧倒的な違いは自我の押し出しが一切ないことではないでしょうか。あれだけ我の強い博士が植物の前では無心であるということが表れていて、だから、それがそこはかとない品になっているのだと思います。

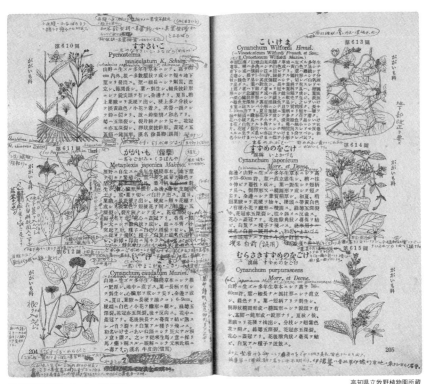

富太郎が使用していた、『牧野日本植物図鑑』初版本。全ページにわたって修正点が赤字でびっしりと書き込まれている。

高知県立牧野植物園所蔵

高知県立牧野植物園所蔵

「植物研究雑誌」(右)は、1916 (大正5) 年に牧野が創刊した雑誌。執筆、編集、デザイン、発想や集金まで一人で行った。

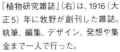

完璧主義の出版人

　上京後の初めての雑誌「日本植物志図篇」を作るために印刷工場で石版印刷の技術を習得し、企画・編集・執筆・作図・デザイン・印刷までを一人でこなした牧野富太郎。一時が万事で、その情熱と常にパーフェクトを目指す猛烈さは模写にも校正にも表れる。志してもなかなかできるものではないが、牧野にはそれができてしまうのである。

Seiko's Comment

植物のあらゆる部分を写生する博物学の基礎がすごいのだが、屋外に持っていって参照できるようになんと正確に「縮小」してあるのだ。人間コピー機！

卓上版
牧野日本植物図鑑　《新刊》

牧野富太郎 著
1940（昭和15）年10月、牧野富太郎が15年の歳月を経て世に問うた『牧野日本植物圖鑑』をコンパクトにした卓上版。写真図鑑隆盛の現在でもなお、色あせることのない牧野植物学の集大成。
B6判　定価：本体2300円＋税（北隆館）

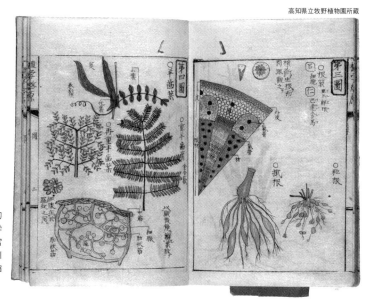

『植学啓原』は、本邦初の体系的な西洋植物学紹介書。写真は牧野富太郎の手による宇田川榕菴『植学啓原』を縮小模写したもの。

参考文献・参考資料

『MAKINO ―生誕160年 牧野富太郎を旅する―』高知新聞社編 (北隆館新書)

『牧野富太郎植物画集』高知県立牧野植物園著 (アム・プロモーション)

『牧野富太郎自叙伝』牧野富太郎著 (講談社)

『草木とともに 牧野富太郎自伝』牧野富太郎著 (KADOKAWA)

『牧野富太郎』コロナ・ブックス編集部著 (平凡社)

『牧野富太郎 なぜ花は匂うか』牧野富太郎著 (平凡社)

『植物一日一題』牧野富太郎著 (筑摩書房)

『花在れバこそ吾れも在り 牧野記念庭園開園50周年』練馬区公園緑地課著 (パレード)

『Makino100：1911-2011 牧野植物同好会創立100周年記念誌』(牧野植物同好会)

『牧野富太郎 ―私は草木の精である―』渋谷章著 (平凡社)

『ボタニカ』朝井まかて著 (祥伝社)

『草を褥に 小説牧野富太郎』大原富枝著 (小学館)

『牧野富太郎【日本植物学の父】』清水洋美著 (汐文社)

『牧野富太郎 植物の神様といわれた男』横山充男著 (くもん出版)

『草木とみた夢 牧野富太郎ものがたり』谷本雄治著 (出版ワークス)

『雑草のサバイバル大作戦 ドクターマキノの植物たんけん』里見和彦著 (世界文化社)

『牧野富太郎の本』(公益財団法人高知県牧野記念財団)

『まきの1/2世紀(高知県立牧野植物園50年の歩み本)』(高知県立牧野植物園)

『押し葉標本をつくろう! ガイドブック』(公益財団法人高知県牧野記念財団)

『日本植物学の父・牧野富太郎』(佐川町立青山文庫)

『牧野富太郎 蔵書の世界 牧野文庫貴重書解題』(高知県立牧野植物園)

「定年のデザイン」(高知新聞連載)

協力 (順不同・敬称略)

高知県立牧野植物園指定管理者 公益財団法人高知県牧野記念財団	東京都立大学 牧野標本館	寿し柳
練馬区立牧野記念庭園	司牡丹酒造株式会社	菊池啓介
練馬区環境部みどり推進課	ノート株式会社	SHO
佐川町役場まちづくり推進課	五台山 竹林寺	杉岡太樹
NPO法人佐川くろがねの会	龍淵山 青源寺	市吉秀一
一般財団法人しあわせづくり 佐川地域おこし協力隊	高知新聞社	株式会社キューブ
	有元くるみ	NHKメディア総局

監修 いとうせいこう

1961年生まれ、東京都出身。早稲田大学法学部卒業後、編集者を経て、作家、クリエイターとして活字・映像・音楽・舞台など多方面で活躍。1988年に小説『ノーライフキング』で作家デビュー。1999年『ボタニカル・ライフ 植物生活』で第15回講談社エッセイ賞受賞、2013年『想像ラジオ』で第35回野間文芸新人賞受賞。近著に『鼻に挟み撃ち』『「国境なき医師団」を見に行く』『小説禁止令に賛同する』『今夜、笑いの数を数えましょう』『ど忘れ書道』『ガザ、西岸地区、アンマン』『福島モノローグ』などがある。2006年に植物と暮らすライフスタイル・マガジン「PLANTED」が創刊され、2008年まで編集長を務める。みうらじゅんとは共作『見仏記』で新たな仏像の鑑賞を発信し、武道館を超満員にするほどの大人気イベント『ザ・スライドショー』をプロデュースする。現在は note で「ラジオご歓談！」を配信中。音楽活動においては日本にヒップホップカルチャーを広く知らしめ、日本語ラップの先駆者の一人である。現在は、ロロロ（クチロロ）、いとうせいこう is the poet で活動。

カバーイラスト
高野文子
2017.3.12 開催 マキノ・トークシーン vol.2
「牧野富太郎の頭脳の中 いとうせいこう×牧野植物園」より
チラシ・ポスターデザイン（公益財団法人高知県牧野記念財団）

クリエイティブディレクター
ルーカス B.B.（有限会社バルコ）

文
濱野奈美子

撮影
衣笠名津美
髙橋勝視（毎日新聞出版）

イラスト
里見和彦（里見デザイン室）

校正
有賀喜久子（駿河台企画）

ブックデザイン
尾原史和（BOOTLEG）
川田 涼（BOOTLEG）

編集
五十嵐麻子
角野 淳（CAVA）
永上 敬（毎日新聞出版）

この本に掲載されている情報は2023年2月13日現在のものです。

われらの牧野富太郎！

印刷　2023 年 3 月 1 日
発行　2023 年 3 月 15 日

監修　いとうせいこう

編者　毎日新聞出版

発行人　小島明日奈
発行所　毎日新聞出版
〒102-0074
東京都千代田区九段南 1-6-17　千代田会館 5 階
営業本部　03-6265-6941
図書第二編集部　03-6265-6746

印刷・製本　中央精版印刷

植物採集行進曲

Plants & Peace on Earth